KAKU SHUKAN

ⓒ YUKI ISHIKAWA 2021
Originally published in Japan in 2021 by CrossMedia Publishing Inc.,TOKYO.
Korean Characters translation rights arranged with CrossMedia Publishing Inc.,TOKYO,
through TOHAN CORPORATION, TOKYO and Danny Hong Agency, SEOUL.
Korean translation copyright ⓒ 2022 by Danielstone Publishing

쓰는 습관

초판 1쇄 펴냄 2022년 8월 12일
3쇄 펴냄 2023년 10월 4일

지은이 이시카와 유키
옮긴이 이현욱

펴낸이 고영은 박미숙
펴낸곳 뜨인돌출판(주) | 출판등록 1994.10.11.(제406-251002011000185호)
주소 10881 경기도 파주시 회동길 337-9
홈페이지 www.ddstone.com | 블로그 blog.naver.com/ddstone1994
페이스북 www.facebook.com/ddstone1994 | 인스타그램 @ddstone_books
대표전화 02-337-5252 | 팩스 031-947-5868

ISBN 978-89-5807-907-1 03700

쓰는 습관

글쓰기가 어려운 너에게

이시카와 유키 지음 | 이현욱 옮김

뜨인돌

나의 독자들에게

계속 썼을 뿐인데,
삶이 반짝이기 시작했습니다

"기자님의 글을 보고 힘을 얻었어요. 감사합니다."

마음속 찜찜한 기분을 글로 쏟아 냈을 뿐인데 감사하다는 말을 들었어요. 이것이 제가 '글쓰기'에 매료된 계기입니다.

누구나, 살다 보면 누군가에게 털어놓고 싶은 순간들이 찾아옵니다.

- 학교나 직장에서 좋지 않은 일을 당했을 때
- 친구에게 눈물이 날 정도로 감동적인 이야기를 들었을 때
- 사람들이 재미있다고 한 영화가 정말 별로였을 때

그런데 이런 일들을 다 털어놓으며 사는 사람은 그리 많지 않을 거예요. 말로 다 표현하기엔 너무 소소하다는 생각에 속으로 삼키기도 하고 별것 아닌 일이라며 대충 얼버무리며 넘어가기도 합니다. 혹은 SNS에 은근슬쩍 털어놓거나 가족이나 친한 친구들에게만 얘기하는 정도일 겁니다.

마음에만 담아 두고 하지 못한 말들이 있나요? 그렇다면 글로 표현해 보세요.

저는 청소년 시기부터 꽤 오랫동안 괴로운 시간을 보냈습니다.

싫은 일이 있어도 참아야 했고, 부정적인 말을 하면 행복이 도망간다는 말에 입을 다물었고, 모두가 즐거워하는 틈에서 혼자 즐겁지 않았고….

그러다가 이런 답답한 마음을 과감하게 전부 글로 써 보자고 마음먹었습니다.

'싫다' '괴롭다' '힘들다' 같은 감정들을 전부 글로 써서 해결하고 싶었습니다. 같이 있으면 절대 개운하다고 할 수 없는 감정들에서 해방되고 싶었어요.

제가 처음으로 일기를 공개한 건 중학교 2학년 때입니다.

당시 저는 아버지 일 때문에 미국에서 살게 됐는데 영어도 못하고, 친구도 없고, 하고 싶은 일도 없었습니다. 그저 '빨리 이 생활에서 벗어나 내가 살던 곳으로 돌아가고 싶다'라는 생각뿐이었습니다.

친구들은 고향에서 즐겁게 지내는데, 자동차가 없으면 아무 데도 갈 수 없는 곳에 처박혀서 학교에서는 외국어로 말하는 사람들과 얽히지 않으려고 필사적으로 자는 척을 하고, 수업이 끝나면 쏜살같이 집으로 돌아와 몇 권 안 되는 만화책을 아껴 읽는 모습이라니.

지옥이 있다면 아마 그런 모습이었을 거예요.

'이런 지옥 같은 일상도 일기로 남기면 언젠가 의미 있는
자산이 될까?'
'그럴지도 몰라!'

처음 블로그를 시작할 때는 그저 이런 마음이었습니다. 그
렇게 마음속 이야기를 털어놓기 시작했습니다. 그런데 신기
하게도 제 일기를 읽어 주는 사람들이 조금씩 늘어났습니다.
그때부터 자랑할 만한 것이라고는 조금도 없던 제 인생과
평범한 일상이 조금씩 반짝이기 시작했습니다.

지금은 그 '글쓰기'가 제 일이 되었습니다.
기자가 되려고 특별히 노력한 것도 아니고 재능이나 기술
이 있었던 것도 아니지만 진심을 힘껏 드러내며 꾸준히 글을
쓰다 보니, 제가 변하고 세상이 변하고 인생이 변했습니다.
그런 삶이 실제로 가능하다는 이야기를 하고 싶어서 이 책
을 썼습니다. 여러분과 그 이야기를 나누고 싶어요.

차례

part. 1　글과 친해지면 쓸 수 있다

인생은 글쓰기만으로도
변할 수 있다

안녕하세요.

저는 '유삐'라는 이름으로 활동하는 이시카와 유키라고 합니다. 프리랜서 기자로 웹미디어에서 기사도 쓰고 취재도 하고 기업 SNS도 운영하고 있습니다. 간단하게 말하면 글을 쓰는 일을 하고 있습니다. 하루 종일 컴퓨터 앞에 앉아 있는 날도 있고, 전철에서 멍하게 있다가 스마트폰으로 글을 쓰는 날도 있습니다.

반면 다른 사람과 말을 하는 것에는 정말 자신이 없습니다. 사람이 많이 모인 자리에서는 빨리 마시고 취하자는 생각으로 처음부터 센 술을 들이켭니다. 취하고 나서야 겨우 긴장하지 않고 사람들과 대화를 나눌 수 있기 때문입니다. 학생 때 대본을 쓰는 아르바이트를 할 적에는 주어진 것에서 조금이라도 벗어나는 일이 생기면 패닉 상태에 빠졌습니다. "말할 때 이상할 정도로 눈을 피하네"라는 말을 가까운 친구에게 듣고 충격을 받았던 적도 있습니다.

이 정도로 소심했던 저는 글쓰기를 하면서 큰 도움을 받았습니다. 제대로 대화를 나누지 못해도, 상대의 눈을 똑바로 쳐다보지 못해도, 소통을 어려워해도 이렇게 살아나갈 수 있는 건 다 글을 쓴 덕분이라고 생각합니다.

중학생 때 시작한 블로그는 대학 입학과 동시에 그만뒀지만, 사회인이 되고 얼마 지나지 않아 중학생 시절의 답답함이 되살아났을 때 저는 다시 일기를 썼습니다. '평범한 일상도 글을 쓰면 분명 무언가가 변한다!' 중학생 시절의 강력한 체험이 저를 확신으로 이끌었기 때문입니다.

다시 글을 쓰기 시작한 지 3년, 평범한 직장인이던 저는 기자가 되었습니다. 기사를 쓰다 보니 일반인인데도 트위터 팔로워 수가 7000명이 되었습니다. 매일 일기를 쓴 덕에 이렇게 책도 내게 되었고요. 냉정하게 볼 때 '팔로워 7000명(인플루언서라고 하기에는 많지 않죠?)으로 책을 낼 수 있나' 하고 깜짝 놀랐습니다. 다행히 아직은 누구나 꿈을 꿀 수 있는 시대인 것 같습니다.

글을 쓴 덕분에 지금까지 일을 하고 있습니다. 직접 일을 찾아다니지 않아도 제 기사를 본 분들이 연락해 일을 맡겨 주고 있어요.

글은 '생각'을 전달하는 최강의 도구

물론 일 이외에도 글을 쓰면서 많은 도움을 받았습니다.

중·고등학교 시절에는 학교가 너무 싫어서 하루하루 우울했는데 블로그에 쓴 글로 사람들의 응원을 받았습니다. 좋아한다는 말을 할 용기가 나지 않아서 메일로 마음을 전했는데 좋아하는 사람이 마음을 받아 주는 일도 있었고요. 아무에게도 털어놓을 수 없는 고민을 노트에 쓰다가 무슨 일을 하면 좋을지 깨닫고 이직을 하기도 했습니다.

글쓰기는 최고의 혼자 놀기 수단이며, 탁월한 고민 상담자이며, 내 마음을 말 대신 전해 주는 최강의 표현 도구입니다. 저는 그간 제 마음을 말로 잘 표현하지 못했습니다. 그래서 상대가 제 글을 읽고 나서야 그런 생각을 하는지 몰랐다고 말해 주는 일이 종종 있었습니다. 저 역시 미처 깨닫지 못한 제 마음을 글쓰기를 통해 발견하기도 합니다. 생각보다 사람은 자신의 마음을 말로 표현하는 것이 서툽니다.

글을 쓰면 새로운 나를 발견하거나 멋진 미래를 맞이하는 데도 도움을 얻을 수 있습니다. 그렇기 때문에 하고 싶은 일이 없다거나 일상이 똑같아서 지겹다고 느끼는 사람을 포함해 전 인류에게 글쓰기를 추천하고 싶습니다. 다행히 우리는 의무교육 아래서 글 쓰는 방법을 배웁니다. 문장을 한 번도 안 써 본 사람은 거의 없을 것입니다.

글쓰기의 첫걸음은 '글쓰기를 좋아하는 것'

저는 이 책을 글을 잘 쓰고 싶은 사람뿐만 아니라 '뭐든 좋으니 내 생각을 전하고 싶다' '인생을 더 즐기고 싶다' '정체를 알 수 없는 불안함과 답답함을 어떻게든 털어 버리고 싶다'라고 생각하는 사람들도 읽어 주길 바랍니다.

지금은 '모두가 크리에이터인 시대'라고 할 만큼 자기 의견을 글과 영상으로 표출할 수 있는 공간이 많아졌습니다. 자신의 생각을 알리고 싶어 하는 사람들도 그만큼 늘고 있고요.

그런데 '뭘 써야 할지 모르겠다' '꾸준히 쓰기가 어렵다'라고 하소연하는 사람이 많은 것도 사실입니다.

'어떻게 쓸지'를 가르쳐 주는 책은 이미 많습니다. 그런데 저는 이런 생각이 들어요. 어차피 글 쓰는 것을 좋아하지 않으면 방법을 알아도 소용없는 일 아닐까?

분명 문법도 중요합니다. 하지만 쓰고 싶은 마음이 더 중요하다고 생각합니다. 전철역에서 집까지 오는 퇴근길 10분 동안 심심해서 쓰기 시작한 짧은 일기가 지금의 저를 만들었습니다. "매일 쓰면 힘들지 않아?"라는 말을 종종 듣는데, 사실 힘들지 않습니다. **그 비결은 글을 쓰고 싶은 마음을 잃지 않기 위해 습관화했기 때문입니다.** 이것은 절대 특별한 능력이 아닙니다. 아주 작은 기술만 익히면 됩니다. 그 기술을 이 책에 담았습니다.

이 책에서 '어떻게 쓰는지'는 배울 수 없을지도 모릅니다. 하지만 이 책이 여러분 마음속의 쓰고 싶은 마음을 키워 무리하지 않고, 즐겁게, 꾸준히 쓰는 '습관'을 만들게 도와줄 거라는 건 자신 있게 말할 수 있습니다.

- 마음을 솔직하게 표현하고 싶은 사람
- 지금의 자신에게 답답함을 느끼는 사람
- 뭔가 새로운 것을 시작하고 싶은 사람
- 뭔가 하고 싶은 말이 있는 사람
- 쓰고는 싶은데 뭘 써야 할지 모르는 사람

여러분이 이 중 하나에라도 해당된다면 꼭 이 책을 끝까지 읽어 보세요. 그리고 앞서 '어떻게 쓰는지'는 배울 수 없을지도 모른다고 했지만, 기자 지망생이나 글을 잘 쓰고 싶은 사람도 이 책을 한번 읽어 봤으면 좋겠습니다. 쓰는 법을 아무리 많이 배운다 해도 쓰는 것을 좋아하지 않으면 꾸준히 쓰기가 힘들기 때문입니다. 꾸준히 한다면 쓰는 기술도 자연스럽게 생겨서 나도 모르는 사이 글 쓰는 일이 좋아집니다. 쓰고 싶은 마음을 잃어버리지 않고 습관화하는 기술은 취미로 쓰는 사람에게도, 쓰는 직업을 가진 사람에게도 유용할 거예요.

- 글쓰기가 좋아지면 글 쓰는 습관이 생겨 글이 자연스럽게 좋아진다.
- 글쓰기가 좋아지면 내 생각을 알리고 싶어진다.
- 글쓰기가 좋아지면 새하얀 화면을 볼 때 가슴이 두근거린다.
- 글쓰기가 좋아지면 하루하루가 즐거워진다.

글쓰기를 통해 구원받은 제가 글쓰기로 여러분의 삶에 작은 혁명을 일으키고 싶습니다.

누구나, 뭐든 쓰면 된다

여러분은 글을 쓴다는 것을 뭐라고 생각하나요?

- 어렸을 때부터 국어를 잘했던 사람이 하는 것
- 어휘력이 뛰어난 사람이 하는 것
- 똑똑한 사람이 하는 것

이런 이미지를 가지고 있지 않나요?

여러분 중에는 글을 써 본 적이 없어서 글쓰기가 익숙하지 않은 사람도 있을 거예요. 저도 예전에는 SNS를 가족 정도만 볼 수 있게 설정하고 혼잣말에 가까운 글을 올렸습니다. 문장을 멋지게 쓰는 사람들을 멀리서 바라보며 대단하다고만 생각했었지요. 하지만 누구나 인터넷에서 자신의 생각을 자유롭게 표현할 수 있는 지금, 글쓰기는 우리와 아주 가까운 곳에 존재합니다. SNS에 쓴 소소한 글이 많은 사람들의 공감을 얻거나 개인의 일기가 책으로 출판되는 등 아마추어지만 글쓰기를 계기로 자신을 발견해 나가는 사람들이 굉장히 많아졌습니다.

물론, 모든 글을 다 잘 쓴 글이라고는 생각하지 않습니다. 굳이 예를 들자면 조잡하거나 너무 짧거나 어지러운 글도 있습니다. 분명한 목적을 가지고 쓴 글도 있지만 몰라도 그만인 사소한 일에 대해 쓴 글도 있습니다.

제가 하고 싶은 말은 국어를 잘하지 못해도, 어휘가 부족해도, 그리 똑똑하지 않아도 뭐든 쓸 수 있고, 세상 어딘가에 나의 글을 읽어 주는 사람이 반드시 있다는 것입니다. 필요한 것은 '한번 써 보자!' 하는 마음입니다. 마음의 준비도 필요 없습니다. 어렵게 생각하지 말고 일단 시작하면 됩니다.

글재주는 필요 없다

글쓰기와 글재주는 같이 언급되는 경우가 많습니다. 그래서 이렇게 생각하는 사람들이 많죠.

'글은 글재주를 타고난 사람이나 쓰는 것이다.'
'나는 글재주가 없으니 내가 쓴 글은 형편 없을 것이다.'

그런데 글재주라는 것은 글을 업으로 삼는 소설가나 시인처럼 장면이 눈앞에 그려지도록 풍경을 정교하게 묘사하거나 마음의 움직임을 섬세하게 표현해야 하는 사람에게 필요한 것이지 그 이외의 사람에게는 그다지 필요하지 않다는 게 제 생각입니다.

　특별히 게임에 재능이 없어도, 계속 '게임오버' 소리를 들으면서도 게임을 계속할 수 있는 것처럼 글재주가 없어도 계속 글을 쓸 수 있습니다. 이에 대해 비난받을 이유가 전혀 없습니다. 저는 경제경영서를 여러 권 훑어보면서 모든 저자가 글을 잘 쓰는 건 아니라는 생각이 들었습니다. 그러니까 결국 글재주가 없어도 누군가에게 전해지기만 하면 되는 것입니다. 애초에 글재주라는 것이 굉장히 애매모호한 말입니다. '문장을 능숙하게 쓰는 재능'이라는 의미인데, '능숙하게'라는 것이 어느 정도인지 알 수 없지요. 그런데 그 말에 얽매여 글을 쓰지 못한다면 너무 아까운 일입니다.

　그러니까 글재주가 없다는 생각을 버리기 바랍니다. 오히려 '글재주가 없다는 사실을 깨달을 정도로 글을 많이 썼구나!' 하고 무릎을 탁 치면 됩니다.

　누구나 다른 사람의 글을 보고 감탄한 적이 있을 것입니다. 저도 대학 시절 문학 동아리에서 활동할 때 다른 친구가 쓴

아름다운 글을 읽고 '이런 글을 나랑 같은 학년이 썼다니!' 하고 깜짝 놀란 적이 있습니다. 하지만 그것이 글재주라고는 생각하지 않습니다. 그것은 재능이 아니라 노력의 산물이기 때문입니다.

"확실히 말해 두겠다. 자신의 재능을 문제 삼는 사람은 포기의 이유를 찾는 것뿐이다. 더 심하게 말하면 꿈을 포기하려는 변명을 찾는 것뿐이다."

『미움받을 용기』를 비롯해 수많은 베스트셀러를 쓴 고가 후미타케의 『작가의 문장 수업』에 나오는 내용입니다. 글쓰기에만 해당되는 말이 아닙니다. 재능이 없으니까 할 수 없다고 한탄만 하고 있어서는 아무것도 할 수 없습니다. 재능의 유무와 관계없이 꾸준히 쓰는 것이 중요합니다.

처음에는 자기가 쓴 글을 읽는 것조차 싫을지 모릅니다. 다른 사람과 비교하며 우울해할지도 모릅니다. 하지만 재능이 없다는 생각이 들어도 부디 글쓰기를 포기하지 않았으면 좋겠습니다. 계속 쓰면 반드시 쓸 수 있게 됩니다.

글쓰기의 정답은 내가 정한다

"글은 어떻게 쓰면 되나요?"

가끔 이런 질문을 받으면 참 곤란합니다. 글은 누구나 쓸 수 있기 때문입니다.

물론 문장 끝에 마침표를 찍는다거나 같은 접속사를 연속으로 쓰지 않는다거나 하는, 글을 읽기 좋게 만드는 규칙 같은 건 존재합니다. 그런데 규칙을 크게 신경 쓰지 않았다고 해서 글이라고 부를 수 없을까요? 그렇지 않습니다. 저도 누군가에게 배우거나 다른 글을 읽고 공부한 게 아니라, 매일 반복적으로 쓰면서 자연스럽게 글 쓰는 법을 터득했습니다. 이것이 일반적으로 말하는 정답일지는 모르겠지만, 적어도 저한테는 정답입니다. 답은 자기가 만들어 가는 것입니다.

혹시 시 낭송에 대해 들어 본 적 있나요?

재미있을 것 같아서 참가한 적이 있는데, 자신의 감정을 다양한 형태의 말로 표현하는 사람들의 모습을 보고 깊은 인상을 받았습니다. 직접 만든 음악에 맞춰 노래처럼 시를 읽는 사람, 독특한 구절에 맞게 몸까지 사용해 표현하는 사람, 편지 형식의 글을 울면서 읽는 사람…. 아무도 그런 다양한 형식에 대해 맞거나 틀리다며 평가하지 않았습니다.

마지막 순서에서 주최자가 이렇게 말했습니다.

"이번 행사를 준비하면서 '시를 어떻게 쓰면 되죠?'라는 질문을 몇 번이나 받았습니다. 그런데 여러분이 시라고 생각하면 그게 시입니다. 시를 정의하는 사람은 나 자신입니다."

자신이 정답이라고 생각하면 그게 정답이 된다는 걸 그때 실감했습니다. 글, 일러스트, 사진, 패션, 디자인 같은 영역들에는 '어떠어떠해야 예쁘게 보인다'는 일반적인 규칙 같은 게 있지만, 반드시 그것만이 정답이라고는 할 수 없습니다.

<u>어차피 정답이 없다면 세세한 규칙에 매이지 말고 자신이 쓰고 싶은 걸 쓰면 되지 않을까요?</u> '이렇게 서툴고 엉망진창인 글을 보여 주면 안 될 거 같은데' 하고 겁내지 말고 가슴을 펴고 당당하게 보여 주세요.

사실 세상에는 오히려 정답이라고 부를 수 있는 것이 더 적습니다. 각자 자기 나름의 '정답'을 만들어 나가면 됩니다.

내가 '못 쓰겠어'라고 말하는 이유는?

글쓰기 고민
자가 진단표

사람들은 흔히 말합니다. "내가 무엇을 모르는지
도 잘 모르겠어." 자신에게 필요한 부분이 무엇인
지 알고 싶은 분들을 위해 진단표를 실었습니다.
자신의 글쓰기를 진단해 보고 필요한 부분을 중점
적으로 읽어 보세요. 이 책을 다 읽고 난 후에 다시
글쓰기 고민이 생긴다면 진단표를 다시 따라가 보
세요.

글쓰기 고민 자가 진단표

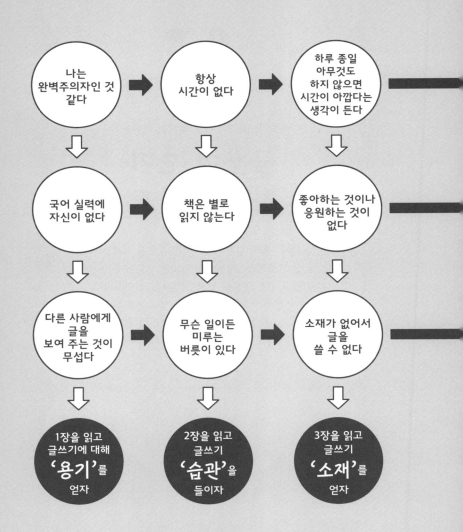

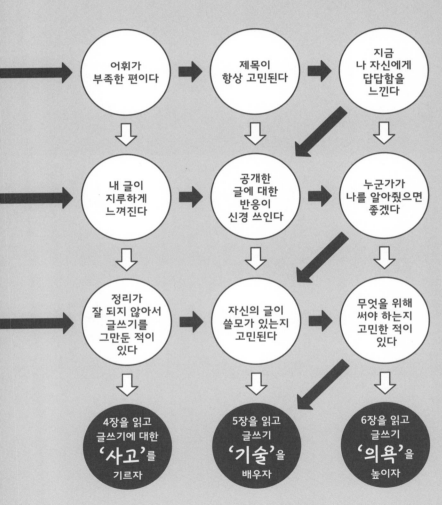

→ NO   ⇨ YES

어휘가
부족한 편이다

제목이
항상 고민된다

지금
나 자신에게
답답함을
느낀다

내 글이
지루하게
느껴진다

공개한
글에 대한
반응이
신경 쓰인다

누군가가
나를 알아줬으면
좋겠다

정리가
잘 되지 않아서
글쓰기를
그만둔 적이
있다

자신의 글이
쓸모가 있는지
고민된다

무엇을 위해
써야 하는지
고민한 적이
있다

4장을 읽고
글쓰기에 대한
'사고'를
기르자

5장을 읽고
글쓰기
'기술'을
배우자

6장을 읽고
글쓰기
'의욕'을
높이자

part. 1

글과 친해지면
쓸 수 있다

쓰는 만화

그때 운명처럼 만난 이 책!

'나는 바보'라는 이상하고 기분 좋은 선언

글을 쓸 용기가 생겼어.

우아~ 레몬차를 마셨어.
양말에 구멍이 났지만 괜찮아.
오늘은 첫 문장을 넘겼으니까.
네 문장이나 적었어!
장족의 발전 ~

그 누구도 아닌
나를 위해 쓰자

"나에 대해서 TMI를 주절주절 늘어놓게 될까 봐 싫다."

'글을 쓰지 못하는 이유'에 관해 설문조사를 했을 때 이렇게 대답한 분이 있었습니다. 인터넷 상의 무례한 태도들이 빚어낸 폐해가 아닐까 생각합니다. "관심 없는 네 이야기, 참 고맙고요" "틈만 나면 자기 이야기" 등 배려 없이 떠들어 대는 사람들에게 날카로운 화살을 맞을 것 같아서 자기 이야기를 편하게 하지 못하는 세상이 되어 버린 것이죠. 굉장히 슬픈 일입니다.

저는 '나'에 대해서 말하는 것이 왜 불편한지 이해가 되지 않습니다.

'대화법'이나 '말 잘하는 법'에 대한 책을 보면 '사람들은 자기 이야기를 하고 싶어 하는 법이니 듣는 역할을 확실히 하라' '적절하게 맞장구를 치거나 중간중간 상대방의 말을 되풀이해서 잘 듣고 있다고 느끼게 하라' 같은 내용이 나옵니다.

이렇듯 사람은 자기를 가장 소중히 여기고 자기 자신에 대해서 말하고 싶어 하는 존재입니다.

여러분도 누군가의 이야기에 공감하거나 감동한 적이 있지 않나요?

개인의 일생을 이야기하는 자서전, 자신의 꿈을 대대적으로 어필하는 강연, 일상의 기분을 담담하게 써 내려가는 에세이…. 세상에 내 이야기를 하는 글이 얼마나 많은데요. '이렇게 쓰면 너무 내 이야기가 되어 버리는데…' 같은 고민은 쓸데없는 걱정일 뿐입니다. **오히려 '내 이야기'를 써야 합니다.**

누군가를 위한 글, 누군가에게 도움이 되는 이야기는 나중에 쓰면 됩니다. 일단은 나만을 위해서, 내 이야기를 하기 위해서 펜을 들어 봅시다.

나에 대해서 이야기하는 것은 부끄러운 일이 아니다. 나를 위해서 쓴다고 생각하고 마음껏 써 보자.

'나는 바보!'라고 생각하며
아웃풋을 남기자

저는 매일 생각이나 감정을 글로 남깁니다. 책을 읽었다면 마음에 남은 문장과 감상을 스마트폰 메모 앱에 쓰고, 여행 중에는 여행에 관해 트윗을 하고, 하루가 끝나면 일기를 씁니다. '그렇게 매일 쓰면 지치지 않나?'라고 생각할지 모르지만, 조금만 생각을 바꾸면 전혀 힘들지 않습니다. '나는 바보다!'라고 생각하면 되니까요.

  ◦ 바보니까 들은 내용이 계속 기억이 나지 않는다.
  ◦ 바보니까 종이에 써 두지 않으면 잊어버린다.
  ◦ 바보니까 나를 못 믿겠다.

이렇게 생각하면 '까먹으니까 글로 남겨 둬야 해!'라는 생각이 듭니다. 독일의 심리학자 헤르만 에빙하우스는 사람이 얼마나 빨리 기억을 잊어버리는지 알아보기 위해 실험을 했습니다. 그는 실험을 통해 사람들이 1시간 후에는 약 50퍼센트를, 24시간 후에는 약 70퍼센트를, 그리고 한 달 후에는 거의 전부를 기억하지 못한다는 결과를 얻었습니다.

저는 첫 아르바이트를 카페에서 했습니다. 선배가 이런저런 것들을 가르쳐 주었지만 하나도 메모하지 않았습니다. 집중해서 들으면 기억할 거라고 자신을 과도하게 믿었던 거죠. 그 결과, 뭐 하나도 제대로 해내지 못하는 쓸모없는 아르바이트생이 되고 말았습니다. 아픈 기억이죠.

이렇게 사람은 대부분의 일을 잊어버립니다. 많은 시간을 들여 읽은 책도, 한때는 분명 마음속 깊이 남았던 메시지도 머리에서 빠져나갑니다. 그러니 '난 기억력이 좋으니까 뭐든 다 기억할 수 있어!' 하고 과신하지 말고 '나는 완전히 바보야!'라고 생각합시다. 자신을 비하하라는 뜻이 아닙니다. 오히려 자신의 능력을 키우고 믿어 주기 위한 하나의 장치라고 생각해 주세요.

이런 '바보 마인드'로 살면 무엇이든 흔적을 남기게 됩니다. 우리 모두 그런 삶을 살아 왔습니다.
해바라기를 보고 관찰일기를 남기거나 소풍을 갔다가 기

념으로 돌멩이를 가져오거나 학교에서 있었던 일을 부모님 또는 선생님에게 얘기하면서 즐거운 경험을 잊지 않기 위해 누구나 자연스럽게 '아웃풋'을 남겼지요.

읽은 책, 본 영화, 참석한 세미나, 친구와 나눈 대화, 슬펐던 일 등등 뭐든 좋습니다. 그 모든 것들을 기억할 수 없다고 생각하면, 있는 그대로 받아들이고 있는 그대로 글로 남기게 됩니다.

무슨 일이든 기억할 수 있다는 생각을 버린다. 자신을 뭐든 바로 잊어버리는 '바보'라고 생각한다.

글에 덧바른
'메이크업'을 지우자

글을 쓰는 데 익숙해지려면 일단 아무에게도 보여 주지 않는다는 전제로 글을 쓰는 게 굉장히 중요합니다. 누군가에게 보여 주는 글과 아무에게도 보여 주지 않는 글은 진심을 털어놓는 수위가 완전히 다르기 때문입니다.

사람은 무의식중에 다른 사람의 눈을 신경 쓰며 삽니다. 집에 있을 때는 입 주위에 치약이 묻어도 크게 신경 쓰지 않지만, 외출할 때는 얼굴을 꼭 확인하고 나갑니다.

누군가의 시선은 무의식중에도 느껴지는 법입니다. 집에서나 밖에서나 별반 다르지 않게 행동한다고 스스로 평가하는 사람도 본인이 알아채지 못하는 사이에 다르게 행동합니다.

누군가에게 보여 주기 위한 글도 마찬가지입니다. 남이 읽는다고 생각하는 순간, 각을 잡고 앉아서 그럴듯한 말을 늘어놓게 됩니다. 의도하지 않더라도 완벽하게 메이크업을 끝낸 외출용 얼굴을 한 글이 됩니다. 속으로는 '그 쌤 진짜 이상해'라고 생각하면서도 사람들에게는 "그 쌤 말투가 좀 그래. 좋은 사람이긴 한데" 정도로 부드럽게 말하는 경우가 많습니다.

사람들이 정말 재미있다고 느끼는 글은 예쁜 말만 늘어놓은 글이 아니라 진심에서 우러나오는 감정을 그대로 옮긴 글입니다. 진짜 감정이라고 생각하기 때문에 마음에 와닿고 흥미를 느끼는 것이죠.

솔직하게 쓸 수 있는 팁을 하나 알려드리려고 해요. 꿈속 장면들을 정리해 놓는 사람들이 있어요. 꿈은 한순간에 새까맣게 잊히기 때문에 기록하기가 쉽지 않은데, 습관적으로 꿈을 써 놓는 사람들을 보면 나도 저렇게 해봐야지라는 생각이 듭니다. 사실 꿈은 무의식에서 일어나는 일이잖아요. 내가 생각지도 못했던 황당한 일들도 나타나고 은밀한 욕망들이 드러나기도 하지요. 솔직한, 날것의 글을 쓰고 싶다면 꿈을 그대로 글로 옮겨 보는 것도 좋은 방법이라고 생각합니다. 아침에 일어나자마자 꿈속 장면들을 간단하게 정리하는 습관을 들여 보세요.

　글쓰기가 익숙하지 않으면 주변 반응에 신경 쓰다가 무색무취의 무난한 문장을 쓰게 됩니다. 그렇기 때문에 처음에는 누구도 보지 않는다는 전제로 써야 합니다.
　일단은 누구에게도 보여 주지 말고 꾸준히 써서 솔직한 마음을 말로 표현하는 것에 익숙해지세요. '이런 이야기까지 쓰다니' 하고 놀랄 만큼 부끄러운 일을 솔직하게 털어놓는 작가도 분명 처음에는 누구에게도 보여 주지 않는 소소한 일기부터 시작했을 테니까요.

다른 사람이 본다고 의식하면 화려하게 꾸민 문장을 쓰게 된다.
일단 아무도 보지 않는다는 전제로 진심을 솔직하게 써 보자.

문법은
넣어 두자

'기승전결이 제대로 만들어지지 않는다.'
'문법이 정확한지 신경 쓰인다.'

문법을 신경 쓰느라 글을 쓰지 못하는 사람이 꽤 있습니다. 아마도 국어 수업 시간에 배운 내용이 머릿속 어딘가에 남았기 때문일 겁니다. 그런데 글은 자유롭게 써야 합니다. 저는 기승전결을 의식하지 않기로 했어요. '말이 되지 않아도 되고, 제대로 된 결말이 없어도 된다'라는 마음으로 쓰고 있습니다.

그리고 일단 형식에 맞춰서 쓴 글은 재미가 없습니다! 대학입시 준비 때 소논문을 쓰면서 정말 재미없다는 생각을 했습니다.

'저는 A보다 B의 의견에 동의합니다. 왜냐하면 B는 C이기 때문입니다. 근거는 두 가지가 있습니다. 먼저 첫 번째는…'

흠… 재미없죠? 논리에 맞을지는 몰라도요. **일상적으로 쓰는 글에 논리는 필요하지 않습니다. 슬프거나 기쁘다는 감정에 반드시 이유가 필요한 것도 아니고요.** 어디에 제출하는 것도 아니니 '슬픈 건 슬픈 거지' 하는 마음으로 써도 아무런 문제가 되지 않습니다. 그러니 '쓴다'라는 행위에 대해 조금 더 편안하게 생각하면 좋겠습니다.

여러분의 눈앞에 있는 것은 조금이라도 삐져나오면 혼날 것 같은 작은 원고지 칸이 아니라 아무것도 없는 새하얀 캔버스입니다. 단락이 바뀔 때 줄을 바꾸지 않아도 되고 쉼표나 마침표를 찍지 않아도 됩니다. '계속 떠들어 대듯' 쓰세요. 소설에서도 주인공이 패닉 상태이거나 머리를 굴리는 상황에서는 마구 떠들듯이 글을 쓰곤 하잖아요.

작문 시간에 선생님한테 받은 빨간펜 체크는 무시하고 일단 자유롭게 생각합시다.

모든 감정과 사건에 대해 근거를 쓸 필요는 없다. 규칙과 논리는 잊어버리자.

'우아~' 하고 감탄했다면
'우아~'라고 쓰자

문장을 쓰려고만 하면 갑자기 굳어 버리는 사람들이 있습니다. "아니, 평소에는 그런 말투 안 쓰잖아. 너무 이상해!"라고 말하고 싶을 정도로 딱딱한, 꼭 논문 같은 문장을 쓰지요. 말을 제법 잘하는 사람 중에도 글만 쓰면 말투가 이상해지는 사람이 있습니다.

앞에서 일상적으로 쓰는 글은 논문도, 보고서도 아니라고 했는데 이건 형식만의 얘기가 아닙니다. 표현도 마찬가지지요. 평소에 잘 쓰지 않는 경직된 표현은 자신의 솔직한 마음을 가두는 족쇄가 됩니다. 개인적으론, 문법은 잘 몰라도 된다고 생각합니다. 사실 '우아~'라는 단어가 떠올랐다면 그냥 '우아~'라고 쓰면 됩니다.

굳이 '놀랐다' '떨렸다'라고 표현할 필요는 전혀 없습니다.

'우아~'라는 말이야말로 글 쓰는 사람의 성격이나 진심을 있는 그대로 드러내는데 그걸 억지로 다른 말로 바꾸면 너무 아깝지 않나요? 내가 일상에서 쓰는 말들에서 '나다움'이 묻어납니다. **평소에 말하는 것처럼 글을 쓰는 것만으로도 나다운 문장을 만들 수 있습니다.**

가만 보면 사람들은 예쁘게 꾸민 말보다는 솔직하게 표현한 말에서 진심을 느끼고 감동을 받는 것 같습니다. **'우아~' 하고 감탄했다면 '놀랐다'라는 한마디로 정리하지 말고 그대로 쓰는 용기를 내 보세요.** 있는 그대로, 꾸미지 않은 글에는 더 많은 사람들에게 사랑받는 힘이 있으니까요.

글쓰기용 문장이 따로 있는 게 아니다. 굳이 바꿀 필요 없다. 꾸미지 않은 문장에서 '나다움'이 묻어난다.

완벽주의는 금물!
어떻게든 끝을 맺자

완벽주의도 글쓰기의 마이너스 요소일 수 있습니다. 늘 완벽한 나이길 바라는 마음에 작업 전에 지켜야 할 사항을 확인하고 오탈자도 철저하게 체크하고 도와준다는 말도 무시하면서 혼자 열심히, 열심히…. 이렇게 완벽주의를 추구하는 사람이 굉장히 많습니다.

그 결과는 어떨까요? 마감일 직전까지 혼자 고군분투하지만 결과물이 완벽하지 못해 선뜻 제출하지 못하고, 잠을 줄이면서 아침까지 애를 써 보지만… 결국 마감일을 놓치고 맙니다. 전혀 완벽하지 않죠.

사실 이렇게 말하는 저도 완벽주의를 버리지 못했습니다. 기자로서 처음 쓴 원고도 일주일 내내 몇 번이고 고치다가 결국 마감일을 넘기고 말았습니다.

완벽주의자란 '완벽을 추구하는 불완전한 사람'일 뿐입니다. 애초에 '완벽'이라는 게 있기나 할까요? 가치관은 사람마다 다르기 때문에 '완벽'의 기준도 사람에 따라 다를 수밖에 없습니다. 마감일을 지켜야 완벽하다고 여기는 사람이 있고 형태를 갖춰야 완벽하다고 느끼는 사람이 있습니다. 예전에 날짜에 쫓겨 반포기 심정으로 제출한 글이 선생님한테 극찬을 받아 맥이 탁 풀린 적도 있습니다. 내가 과소평가한 게 사실은 하찮지 않은 경우도 있는 것입니다.

100점을 목표로 계속 노력을 쏟아붓는 것은 크게 의미가 없습니다. 제3자가 보면 그대로도 충분한데 '아니야, 완벽하지 않아!' 하며 끝까지 계속해서 버티는 것이 완벽주의자의 특징입니다. 모든 일에 그런 자세로 임하면 지치기만 하고 아무리 시간이 흘러도 좋은 결과를 내지 못합니다. 이런 완벽주의자들에게 필요한 건 '끝낼 수 있는 용기'입니다.

어떤 형태라도 좋으니 지금 하는 일을 끝맺는 것이 중요합니다. 글을 쓰다 보면 '아, 이 글을 어떻게 끝낸다?' 하고 암담할 때가 있습니다. 실제로 어떻게 글을 끝내면 좋을지 모르겠다는 고민 상담을 많이 받습니다. 제가 글을 끝맺는 방법은 "끝!" 하고 나에게 말하는 것입니다.

조금 억지스럽긴 합니다. 그렇지만 실제로 이렇게 선언하면 확실히 끝이 나더라고요. 저도 몇 번이나 이 방법으로 끝을 냈습니다. "하고 싶은 말이 잘 정리되지 않으니까 그냥 끝내겠습니다!" 하고 말이죠. **어차피 내가 쓴 글이니까 뭘 어떻게 하든 자유입니다. 작가가 "끝!" 하고 펜을 내려놓으면 끝입니다.**

우리는 대부분 완벽주의자이고, 끝이 없는 여행길을 나도 모르게 계속해서 걸어가는 사람입니다. '어떻게 하면 서평을 잘 마무리하지?' 고민하면서 글을 반년 넘게 묻어 두기보다는 버겁더라도 끝을 내고 새로운 여행을 시작해 봅시다! **멋진 문장으로 글을 끝맺는 것은 끝을 내는 것에 익숙해진 다음의 일입니다.**

완벽을 추구하는 것보다 끝을 맺는 것이 더 중요하다. 나의 80점이 누군가에게는 100점이 될 수 있다.

글에 의미를 부여하는 건
나의 일이 아니다

'이런 글, 써도 의미가 없을 것 같아.'

이런 생각 때문에 중도 포기하는 사람이 꽤 많습니다. 저는 '모든 일에 의미가 있는 건 아니다'라고 생각하는 편입니다.

사춘기에 누구나 한 번쯤 '나는 무엇을 위해서 태어났을까?' 하고 고민하다가 '아, 특별한 의미는 없구나' 하고 깨닫는 것처럼 기본적으로 저는 인생에 의미 같은 건 없다고 생각합니다.

희망적이지 않은 이야기라 죄송합니다. 그런데 정말 그렇게 생각합니다. 악당과 싸워 지구를 구해야 하는 사명을 가지고 태어났다…. 안타깝게도 이런 만화 같은 운명을 지니고 태어나는 사람은 없으니까요. **하지만 그렇기 때문에 우리는 태어난 의미를 만들기 위해 열심히 살아가는 것 아닐까요?**

글도 특별한 의미를 지니지 않습니다. 굳이 말하자면 그 의미 없는 글에 의미를 부여하는 사람은 '읽는 사람'입니다.

만약 여러분이 '똥을 밟았다'라는 내용으로 인터넷에 일기를 올렸다고 해 봅시다. 누가 봐도 시시한 내용일 수 있습니다. 하지만 이 일기를 연인에게 차이고 혼자 쓸쓸히 집으로 돌아가는 사람이 읽는다면? 피식 웃고 조금은 힘을 얻을지도 모릅니다. 또 똑같이 똥을 밟은 사람이 읽고 '알지, 뭔지 알지. 기분 나쁘지' 하고 공감해 줄지도 모릅니다. 이렇게 생각하면 쓰는 사람이 글의 의미를 따지는 건 바보 같은 짓입니다.

최근에 저는 순전히 자기만족을 위해 어떤 개그맨에 대해 애정 어린 기사를 썼습니다. 그 글에 '그와 같은 간사이 출신이라 그런지, 간토 사람(저를 말하는 거겠죠)이 간사이에서 주로 활동하는 이 개그맨을 안다는 게 기뻐요!'라는 댓글이 달렸습니다. 보셨죠? 특별한 의미가 없는 글도 누군가를 기쁘게 만들 수 있습니다.

point 내가 쓴 글에 의미를 부여하는 건 읽는 사람이다. '의미가 없는 것 같아' 하고 주저하지 말고 판단은 읽는 사람에게 맡기자.

손으로 쓰면 거짓말 같은 마법이 일어난다

저는 글을 컴퓨터나 스마트폰으로 씁니다. 하지만 늘 종이수첩을 가지고 다닙니다. 손으로 직접 쓰면 목표 달성률이 42퍼센트나 올라가기 때문입니다.

『결국 해내는 사람들의 원칙』이라는 책에 따르면 캘리포니아 도미니칸대학교에서 심리학을 가르치는 게일 매튜스 교수는 267명의 참가자를 모아 목표 달성률에 관한 실험을 했습니다. 그는 목표를 손으로 썼을 때와 키보드로 쳤을 때를 비교한 후, 손으로 쓰는 사람들이 목표를 이룰 가능성이 42퍼센트나 높다는 사실을 알아냈습니다.

이것은 정신적인 무언가에 관한 이야기가 아닙니다. 목표 달성률에 차이가 나는 이유는, 시험공부를 할 때도 일단 손으로 쓰면 쉽게 외우게 되는 것처럼 손으로 쓰면 키보드를 두드

리거나 스마트폰을 터치할 때보다 손가락이 더 움직여 뇌신경을 더 많이 사용하기 때문이라고 합니다.

목표를 손으로 쓰면 뇌가 '중요한 정보'라고 인식하여 매일 눈에 들어오는 정보 중 나에게 필요한 것만을 무의식중에 필터링합니다. 참 재미있죠. 서점에 가면 '꿈을 이루어 주는 수첩 활용법'처럼 조금은 수상한 제목을 가진 책이 많습니다. 그런데 위 데이터를 보면 완전히 거짓이라고는 할 수 없을 것 같아요.

그래서 저는 항상 수첩을 가지고 다니는데 일정을 관리하기 위한 용도는 아닙니다. 수첩은 고등학생 때부터 사용했는데, 당시에는 일정과 일기를 썼습니다. 지금은 구글 캘린더로 일정을 관리합니다. 일정을 확인하기 위해 수첩을 펴는 일은 아무래도 귀찮기 때문입니다. 종이수첩에는 '하고 싶은 일 리스트'와 '한 줄 일기' 등을 쓰고 있습니다. 수첩은 일을 위해서가 아니라 일상을 좀 더 풍요롭게 만들기 위해서 사용합니다. 종이수첩에 '하고 싶은 일 리스트'를 쓰기 시작한 후로는 확실히 실행 속도가 빨라졌고 엄청난 기세로 목표를 달성하게 되었습니다. 여러분도 수첩 사용 습관을 만들어 보세요.

자, 혹시 '쓰는 것'에 대한 장벽이 좀 낮아졌나요? **글쓰기는 여러분이 생각하는 것보다 더 자유롭고 의외로 적당히 해도 되는 것이라는 사실을 깨달았기 바랍니다.**

그런데 의욕은 생각만큼 오래가지 않습니다. 글쓰기를 마음에만 맡겨 둔다면 마음이 시들해졌을 때 귀찮아질 수밖에 없습니다. 그래서 중요한 것이 '습관화'입니다. 2장에서는 큰 노력 없이도 꾸준히 쓰기 위한 '글쓰기 습관 만들기'에 대해 이야기해 보겠습니다.

손으로 직접 쓰는 것만으로도 달성률이 42퍼센트 올라간다. 하고 싶은 일을 수첩에 쓰는 것부터 시작하자.

part. 2

습관이 들면
글쓰기가 즐거워진다

저절로 쓰게 되는 습관의 힘

글을 쓰지 못하는 이유 중 하나는 글쓰기 습관이 없기 때문입니다. 글을 쓸 때마다 기합을 넣고 모든 힘을 다 짜내야 한다면 에너지가 엄청나게 소모됩니다. 그러다 글쓰기를 싫어하게 될지도 모릅니다. 녹초가 되어 집에 돌아왔을 때 '아, 글 써야 하는데' 하는 탄식이 나온다면 재미도 못 느끼고 오래 지속하기도 어렵습니다. 이렇게 되지 않도록 **글쓰기를 일상 생활의 하나로 만드는 게 중요합니다.**

저한테는 발음 콤플렉스가 있습니다. 성우에게 발음 트레이닝 방법에 대해 상담을 받은 적도 있었지요. 그는 이렇게 말했습니다. "특별한 연습보다 매일 어떤 자세로 어떻게 목소리를 내는지가 더 중요해요." 연습 시간을 따로 내는 것보다 매일 말하는 방식을 의식하며 말하는 것이 훨씬 낫다는 뜻입니다.

다이어트도 마찬가지입니다. 단기간에 살을 빼겠다고 운동 스케줄을 빡빡하게 짜는 것보다 생활습관을 바꾸어 무리하지 않고 꾸준히 하는 편이 효과를 볼 수 있습니다. 매일 하는 양치질을 귀찮다고 여기지 않는 것처럼요. 물론, 가끔은 귀찮을 수 있지만 대부분은 자기 전에 세면대로 가서 자연스럽게 칫솔을 손에 듭니다. 이런 식으로 생각하면 뭐든 무리 없이 습관을 들일 수 있습니다. 시간을 따로 내는 게 아니라 일상생활로 만드는 것, 즉 '습관화'가 중요합니다.

처음부터 욕심낼 필요 없습니다. 조금이라도 좋으니 힘이 들지 않는 선에서 시작하세요. 한 달에 책을 몇 권 읽어야겠다고 생각했다면 독서 시간을 따로 만들지 말고 통학 시간에 스마트폰 대신 책을 드세요. 하루 10분이지만 일주일이면 1시간. 그 시간 동안 조금씩 내 안에 지식이 쌓여 갑니다.

흔히 새로운 일을 시작하려면 무언가를 포기하고 일상생활을 싹 바꿔야 한다고 생각하지만 전혀 그렇지 않습니다. 일정한 시간을 따로 빼거나 특별한 노력을 기울이지 않고도 글을 쓸 수 있을 정도가 되면 글을 마음껏 쓸 수 있습니다.
정말입니다. 요령만 안다면 마치 숨을 쉬듯이 자연스럽게 무의식적으로 글을 쓸 수 있게 됩니다. 2장에서는 제가 다양한 글을 매일 쓰면서 만들어 온 글쓰기 습관에 대해 소개하겠습니다.

 꾸준히 쓰기 위해 글쓰기를 습관화한다. 그러면 애쓰지 않아도
자연스럽게 쓰게 된다.

쓰고 싶을 때 바로 쓸 수 있는 환경을 만들자

'글 쓰는 습관이 필요하다!'

말은 그럴듯하지만 사실 저도 지금까지 '작심삼일'로 끝낸 적이 아주 많습니다. 저는 글쓰기 습관을 들이기 위해 다양한 방법을 시도했는데요, 효과가 괜찮으면서도 즉각적으로 실천할 수 있는 간단한 방법은 글 쓰는 도구를 눈에 잘 들어오는 곳에 두는 것이었습니다.

독서를 습관화하려면, 책을 책장에 꽂지 말고 거실 테이블이나 침대 근처 같은 일상의 동선 안에 두어 자연스럽게 눈에 띄게 하는 게 좋습니다. 이 방법을 글쓰기에 응용하면…

- 스마트폰 홈 화면에 메모 앱을 깔아 둔다.
- 거실이나 침대 근처에 수첩을 펴 둔다.

∘ **컴퓨터의 바탕화면에 메모장을 추가한다.**

이처럼 바로 꺼내 쓸 수 있는 곳, 눈에 잘 들어오는 곳에 글쓰기 도구를 두면 됩니다.

저는 오른손잡이입니다. 전철로 이동하면서 한쪽 손으로도 글을 쓸 수 있도록 메모 앱, 블로그 앱 등을 스마트폰 홈 화면 오른쪽에 두었습니다. 심심할 때마다 스마트폰부터 들여다보는 사람이라면 스마트폰을 열 때 게임 앱 말고 메모 앱부터 켜 보세요. 거기에서부터 글쓰기 습관이 시작됩니다. '스마트폰으로 어떻게 글을 써?' 하고 생각할지 모르지만, 스마트폰은 항상 가지고 다니기 때문에 일단 해 보면 단시간에 습관을 들일 수 있습니다. 실제로 저도 스마트폰을 사용하여 글을 쓰는 경우가 제일 많고, 이 책 역시 절반은 스마트폰으로 썼습니다.

식사를 할 때는 항상 수첩을 테이블 한쪽 구석에 둡니다. 조금 걸리적거리지만 그 덕에 식사 후 뒷정리를 한 다음 한숨 돌리고 TV를 보면서 수첩을 펴는 습관이 생겼습니다. 손으로 쓰는 습관부터 들이고 싶다면 펜도 함께 두어 가지러 가는 시간을 절약하세요. 잊지 마세요. 글쓰기 습관의 핵심은 곧바로 쓸 수 있는 상태를 만드는 것이라는 사실을요.

　쓰고 싶은 마음은 언제 생길지 모릅니다. 그 마음이 거품이
되어 사라지기 전에 글로 남길 수 있도록 글쓰기 도구를 항상
곁에 둡시다.

 글쓰기 습관은 눈에 띄는 곳에 글쓰기 도구를 두는 것에서부터
시작된다. 글쓰기 관련 앱을 홈 화면에 추가하자.

비밀 일기를 꾸준히 쓰면
생각 표현이 능숙해진다

'내 마음을 말로 잘 표현하지 못한다.'

이것은 재능과는 무관합니다. 생각을 말로 표현하는 연습이 부족한 것뿐입니다.

사람은 살다 보면 다양한 사건을 겪게 되고 그때마다 슬픔, 기쁨 같은 감정을 마주합니다. 그런데 자신도 모르는 사이에 그 감정을 억누를 때가 많지요. 미국 같은 서구사회에서는 자신의 생각을 스스럼없이 표현하는 게 자연스럽지만 아시아쪽에서는 그렇지 않습니다. '생각은 입 밖으로 꺼내지 않는편이 낫다'고 여기는 경향이 많지요. 학교에서 불합리한 일이 있어도 선생님이나 선배에게 말하지 못하고 참았던 경험, 다들 있지 않나요? (그런데 이유는 모르겠지만 어른이 되면 갑자기 "하고 싶은 말이 있으면 말을 하라고!"라는 얘기를 너무 당연한 듯 듣게 됩니다. 참고 견딘 끝에 되는 것이 '자기주장 없는 어른'이라니, 너무 슬프지 않나요?)

인내를 강요받는 동안 우리의 감정은 증발 직전까지 왔습니다. 그러다 보면 어떤 일을 겪어도 마음을 솔직하게 표현하지 못한 채 "네네" 하고 고개를 끄덕이는 로봇이 되어 갑니다. 지금이라도 말로 표현함으로써 감정을 다시 살려 놓읍시다.

꾹꾹 눌러놓았던 감정에 생명을 불어넣는 도구가 바로 '비밀 일기'입니다. 스마트폰 홈 화면에 메모 앱을 깔고 거기에 나만의 비밀 일기를 씁시다. 규칙은 간단합니다. 일상생활에서 '마음이 움직였다!'라고 느끼는 순간, 그 사건과 감정을 메모하는 것입니다.

'동아리 선배한테 혼났다. 아, 열 받아!'
'영화를 봤다. 눈물이 났다.'

이렇게 간단한 것도 괜찮습니다. 일단 적고, 하루의 끝자락에서 다시 읽어 보며 조금 더 감정을 토해 낼 부분을 찾아봅니다. '동아리 선배한테 혼났다. 아, 열 받아'라는 글을 보고 계속 마음이 갑갑하다면 아직 하고 싶은 말이 남아 있다는 증거입니다. 그 감정을 전부 다 써 봅시다.

'그 선배는 나한테만 짜증을 낸다. 내 어디가 마음에 안 드는 거지? 너무 열이 받는다. 길 가다가 똥이나 밟아라!'

누구에게 보여 주는 글이 아니기 때문에 어떤 말을 해도 괜찮습니다. 마음이 풀릴 때까지 갈겨쓰고 펜을 놓으면 눈앞의 글은 여러분의 마음, 그 자체가 됩니다.

자신의 감정을 글로 바꾸는 연습을 하다 보면 말하는 것도 편해집니다. 어느 정도 시간이 걸릴지는 몰라도 정말 그렇게 됩니다. 과제 발표 때나 강연 등에서 자신의 생각을 자유롭게 펼치는 사람은 평소에도 생각을 언어화하는 데 능숙합니다. 일단은 겁내지 말고 속마음을 말로 표현하는 습관부터 들여 봅시다.

'비밀 일기'를 쓰며 속마음을 말로 표현하는 연습을 한다. 기분의 변화나 답답한 심정을 솔직하게 쓰면서 자신의 마음에 귀 기울이자.

글쓰기 장벽을 낮추는 '5분 매직'

저는 목표나 계획을 세운 후 제 자신을 격려함으로써 힘을 북돋우는 것을 좋아합니다. 그동안 '매일 1시간 근력 운동을 한다' '매일 아침 7시에 일어난다' '한 달간 블로그를 매일 업데이트한다' 같은 많은 목표들을 세웠습니다. 그런데 어느 순간, 나를 높은 곳으로 이끌어 줄 듯한 목표일수록 금방 포기하게 된다는 사실을 깨달았습니다.

습관 만들기가 잘 안 되는 사람을 보면 늘 높은 목표를 세웁니다. 새로운 일을 시작할 때, 의욕이 넘칠 때, 변하고 싶다는 마음이 클 때, 자기 실력보다 목표를 높게 잡는 사람이 많습니다. '이왕 할 거면 제대로 하고 싶다!'라는 마음에 자기도 모르게 과욕을 부립니다. 하지만 습관을 확실히 만들려면 장벽을 낮춰야 합니다. **습관을 오래 이어 가는 마법의 말은 바로 '5분만 하자!'입니다.**

예를 들어 '매일 기사를 하나씩 쓰자'라는 목표를 세웠다면, 여유가 있거나 휴일에 시간이 생겼을 때는 어렵지 않게 할 수도 있습니다. 그런데 일 때문에 녹초가 되어 집에 돌아오면 어떨까요? 손가락으로 스마트폰을 터치하는 것도 귀찮아서 '아, 내일 하면 안 되나' 하는 마음이 들겠죠.

이럴 때 '5분만 하자!'라고 마음속으로 외치면 '한 자라도 좋으니 오늘 있었던 일을 써야겠다'라는 생각이 듭니다. 5분을 집중해 쓰다 보면 5분이 10분 되고, 10분이 30분 되고…. 정신 차려 보면 기사 하나만큼의 분량을 쓰게 되기도 합니다.

실제로 저도 손대고 싶지 않을 정도로 귀찮은 일을 일주일이나 방치했다가 '이대로 두면 영원히 하지 않을 테니 5분만 해 보자' 다짐하며 글을 쓰곤 합니다. 그러다 보면 끝을 내고 싶어서 계속 쓰다가 완성하게 되는 경우가 많습니다.

사람은 의욕이 생겨서 행동하는 것이 아닙니다. 행동하니까 의욕이 생기는 것입니다. 누구나 첫걸음만 떼면 기세를 몰아 10초 정도는 걸을 수 있습니다.

의욕이 넘칠 땐 '뭐든 할 수 있어!'라는 근거 없는 자신감에 목표를 높게 설정하고 싶을 테지만, 일단은 마음을 가라앉

힙시다. 한 걸음이라도 좋으니 매일 착실하게 걷는 것이 중요합니다. 조급한 마음을 꾹 누르고 장벽을 낮춰 봅시다.

 목표가 너무 높으면 꾸준히 하기 어렵다. '5분만 쓰자!'라고 마음먹고 쓰다 보면 꾸준히 할 수 있다.

'사고 정지 시간'을
찾아내자

글쓰기 습관을 만드는 데 이만한 방법이 없는 것 같습니다! 아무리 바쁜 사람도 머리가 쉬는 시간은 있기 마련입니다. 그 시간을 글쓰기 시간으로 만듭시다. 잠깐의 시간도 낭비하고 싶지 않은, 효율을 중시하는 사람에겐 딱 좋은 방법입니다.

저도 매일 여러 가지 일을 해야 하는 상황에서 '무언가를 하기 위해 특별히 시간을 내는 건 좀 아깝다'라고 생각하는 사람입니다. 하루는 겨우 24시간뿐입니다. 낮에는 일을 하니까 자유 시간에는 만화를 보거나 낮잠을 자거나 좋아하는 일을 하고 싶습니다. 생활 리듬을 깨기도 싫습니다. 특별히 시간을 내지 않고도 글을 쏙쏙 써 나갈 수 있으면 큰 이득이 아닐 수 없습니다.

그렇게 사용할 수 있는 시간의 예를 들어 보겠습니다.

- 전철로 이동하는 시간
- 점심 먹는 시간
- 전철역에서 집까지 걸어가는 시간
- TV 보는 시간
- 욕조에 몸을 담그는 시간

물론 사고를 멈추고 뇌를 쉬게 하는 것도 중요하기 때문에 위의 모든 시간을 활용할 필요는 없지만, 이 중 하나라도 글쓰기 시간으로 만들면 금세 습관이 됩니다.

저는 '10분 일기'라는 500~800자 정도의 글을 쓰고 있습니다. '퇴근길 10분 동안 쓰는 혼잣말 같은 일기'라는 콘셉트 그대로 당시에는 전철역에서 집까지 10분 정도 걸렸기 때문에 매일 그 시간에 글을 썼습니다. 주위 사람들은 "매일 업데이트를 하다니 정말 대단하다!"라고 말했지만, 저는 '걸으면서 딱히 할 게 없는 10분'만큼만 에너지를 썼습니다. 뭘 하든 안 하든 괜찮은 10분을 사용한 것뿐입니다.

멍하게 SNS를 보거나 무념무상으로 걸을 때처럼 특별히 에너지를 낼 필요가 없는 시간을 이용해 다른 것을 하면 좋지 않을까요? 제 경우, 다른 일을 하면서 썼던 글에 조금씩 독자가 생기면서 다양한 일로 연결됐기 때문에 생각지도 못한 금전적 이득이 생기기도 했습니다. 시간을 따로 뺀 게 아니고 다른 일을 하면서 글을 썼기 때문에 그 대가로 얻은 이득이 더 크게 느껴졌죠.

참고로 10분 일기는 제가 역 근처로 이사를 하면서 확실히 업데이트 빈도가 줄었습니다. 자투리 시간에 글을 쓰는 효과는 이렇게 생각보다 크답니다.

멍하게 있는 시간을 활용하면 습관을 만들 수 있다. 무엇을 하든 안 하든 생활에 딱히 영향 주지 않는 시간을 찾아보자.

매일 쓰겠다고
선언하자

선언은 습관을 만드는 좋은 방법입니다. 습관 만들기가 어려운 이유 중 하나가 '그만둔다고 해서 누구한테 혼나는 것도 아니고 피해를 주는 것도 아니잖아'라는 생각이 들며 마음이 슬그머니 풀어지기 때문입니다. SNS에는 '앞으로 매일 ○○를 하겠다!'라고 선언하고 매일 진행 상황을 보고하는 사람들이 있습니다. 사실 팔로워는 그 사람이 그 일을 매일 하는지 안 하는지 크게 관심이 없을 수 있습니다.

하지만 선언한 사람은 '일단 말을 했으니 실천하지 않으면 민망하잖아!'라는 생각에 알아서 열심히 하게 됩니다. 그러니 일단 선언해 버립시다.

이 방법은 특히 스스로를 격려하면서 열심히 하려는 사람에게 적합합니다. 한번은 아침에 일찍 일어나겠다고 선언한 사람에게 매일 아침 6시에 메시지를 받은 적이 있습니다. 무려 반년간! 저는 잘했다고 답신만 해 주었을 뿐인데, 반년 후 "덕분에 일찍 일어나는 습관이 들었습니다!"라는 감사 인사를 받았습니다. 역시 다른 사람에게 알리면 책임감이 따라오고 스스로 하게 됩니다.

다이어트를 결심한 사람이 SNS에 매일 운동과 식사 상황을 기록하기도 하는데, 이것도 일종의 선언입니다. 살을 빼겠다고 선언하면 열심히 하는 과정을 공유하고 결과를 내고 싶은 마음이 생깁니다. 저도 한때 "오늘부터 한 달 동안 매일 블로그를 업데이트하겠습니다!"라고 선언했는데 실제로 실천하게 되더라고요.

참고로 선언은 SNS 같은 오픈된 공간이나 다수가 속한 그룹에 하는 것이 좋습니다. 친한 사람에게 하면 아무래도 결심이 흐려지기 쉽습니다. **의지가 약한 사람이라면 좋은 의미의 감시가 필요합니다.** 목표를 과감하게 널리 알리고 제대로 감시를 받아 봅시다.

 목표를 공개하면 책임감 때문에라도 자연스럽게 습관을 형성하게 된다.

함께할 사람들을 만들자

혼자서 열심히 하기 어렵다면 주위 사람을 끌어들이는 것도 한 방법입니다. 제 친구 중에 '아침 활동 커뮤니티'를 운영하는 사람이 있습니다. 아침 활동 커뮤니티는 아침 시간을 효율적으로 활용하기 위해 매일 아침 일찍 일어나는 사람들 간의 커뮤니티인데, 운영 방식이 아주 재미있습니다.

이 커뮤니티에 가입한 사람은 몇 개의 그룹 중 하나에 들어가 일어나는 시간과 자는 시간을 매일 보고해야 합니다.

메시지 발신 시간이 정해져 있기 때문에 느지막하게 일어나면 인사를 남길 때 굉장히 뻘쭘해집니다. 또 이 커뮤니티에는 함께 맛있는 아침을 먹거나 러닝을 하거나 요리를 하는 등 학교나 회사에 가기 전에 참가할 수 있는 즐거운 활동이 다양하게 준비되어 있습니다. 그러니까 사람들과 함께 즐기려면 아침에 일찍 일어나야만 합니다. 모처럼 돈을 내고 커뮤니티에 들어갔는데 친구도 못 사귀고 아무것도 얻지 못한 채 끝내고 싶진 않겠죠. 사람들과 만나서 즐겁게 활동하고 싶다면 일찍 일어나는 수밖에요.

여기는 회원도 꽤 많고 새로운 사람도 계속해서 들어옵니다. 인기가 많죠. 저도 가입했는데 아침 일찍 일어나는 습관은 혼자서는 만들기 어렵다는 사실을 알게 되었습니다. 하지만 뒤집어서 생각하면 아무리 일찍 일어나는 게 힘든 사람이라도 주위 사람들을 끌어들이면 습관으로 만들 수 있다는 것을 알 수 있습니다. 친구에게, 지인에게 "꾸준히 하고 싶은 게 있는데 같이하지 않을래?"라고 말을 걸어 봅시다. 뭔가를 하고 싶지만 혼자서는 자신 없는 사람이 의외로 많으니 "나도 하고 싶은 게 있어!"라고 긍정적인 대답을 해 줄지도 모릅니다.

저도 이전에 글쓰기 습관을 만들고 싶은 사람들을 모아서 매일 각자 쓴 기사를 공유하고 서로 의견을 나눈 적이 있습니다. 최근에는 각각 자기가 하고 싶은 일의 루틴을 만들기 위해 온라인에서 모여 묵묵히 작업하는 모임인 '묵묵회'에 들어갔습니다. 대화를 나누지 않아도 누군가가 열심히 하는 모습을 보면 자극이 됩니다. 저는 대입 공부를 할 때 도서관에

다녔습니다. 도서관에서는 다들 열심히 공부하니까 자연스럽게 힘을 내야겠다는 생각이 들어서지요.

물론 묵묵회에서는 각자 자기가 하고 싶은 일을 해도 괜찮습니다. 묵묵회에서 저는 글을 쓰고 친구는 책을 읽었습니다. 혼자 하면 재미없는 일도 다른 사람과 함께라면 즐거울 수 있기 때문에 이 방법을 추천합니다.

혼자서 꾸준히 하기 힘들다면 주위 사람들을 끌어들이자. 누군가가 열심히 하는 모습을 보면 자연스럽게 의욕이 생긴다.

줄줄 새는 시간을
활용하자

먼저 자백하겠습니다. 저는 스케줄이 왔다 갔다 하기 때문에 이 방법을 제대로 활용하지 못합니다. 하지만 매일 어느 정도 정해진 루틴으로 사는 사람이라면 효과를 볼 수 있을 거예요.

세상에는 '시간 활용 기술'을 알려 주는 책이 정말 다양하고 많습니다. 사람에게 주어진 시간은 동일하게 하루 24시간. 어떤 능력자라도 절대 늘릴 수 없습니다. 그래서 시간 활용 기술이란 시간을 늘리는 게 아니라 새는 시간을 줄여 필요한 곳에 쓰는 것을 말합니다. 새는 시간 중 가장 찾기 쉬운 게 바로 틈새 시간입니다. 틈새 시간을 찾아 그 시간에 글을 씁시다. 틈새 시간을 찾는 방법은 간단합니다. 먼저 일주일이라도 좋으니 자신이 하루를 어떻게 쓰고 있는지 기록해 봅니다.

전부 기록하면 아래의 왼쪽 표처럼 쓸 수 있을 것입니다. 그런데 정말 이게 다일까요? 예를 들면, 기상 후 침대에서 의미 없이 스마트폰을 보거나 저녁을 먹고 난 후 특별히 좋아하지도 않는 TV 프로그램을 멍하게 보면서 제대로 쉬지도 못하는, 그런 시간이 있지 않나요? 이처럼 미처 알지 못하는 사이에 무의식적으로 허비하는 시간이 있을지 모릅니다. 그 시간까지 더하면 실제로는 오른쪽 표와 비슷할지도 모릅니다.

나의 하루	
오전 7:00	기상
오전 9:00	출근
오후 12:00	점심 식사
오후 6:00	퇴근
오후 7:00	저녁 식사
오후 9:00	목욕
오전 12:00	취침

촘촘하게 쓴 나의 하루	
오전 7:00	기상
오전 7:30	SNS 확인
오전 9:00	출근
오후 12:00	점심 식사
오후 6:00	퇴근
오후 7:00	저녁 식사
오후 8:00	TV 시청
오후 9:00	목욕
오후 9:30	SNS 확인
오후 10:00	유튜브 시청
오후 11:00	스마트폰 게임
오전 12:00	취침

하루를 살펴보면 시간이 없다고 한숨짓는 사람도 무엇을 했는지 알 수 없는 미스터리한 시간이 많습니다. 우리는 이 사실을 외면해서는 안 됩니다. 내가 생산성이 낮다는 사실을 인정하면 틈새 시간은 자연스럽게 드러납니다. 틈새 시간을 발견했다면 좋은 기회로 만들 수 있지요.

'기상 후 출근 준비를 시작하기 전까지 30분간 쓴다' '좋아하는 TV 프로그램이 없는 저녁 8시부터 1시간 동안 쓴다'라고 정하고 캘린더 앱에 기입한 다음 알람을 켭니다. 짧은 시간이어도 좋습니다. 틈새 시간을 조금씩 활용해 루틴으로 만든다면 자연스럽게 글쓰기 습관이 만들어질 것입니다.

 틈새 시간을 확보하면 '시간이 없다'는 생각에서 해방된다.

즐겁게 글쓰기 습관을 만드는 '트위터 활용법'

다양한 종류의 SNS가 있지만, 글쓰기 습관을 만드는 데에는 트위터가 가장 적합한 것 같습니다. 간단하고 빠르게 쓸 수 있기 때문입니다. 트위터에서 매일 쓰다 보면 자연스럽게 문장력도 좋아집니다. 뭐든 140자 이내로 요약해야 하는데 이게 간단해 보이지만 정말 어려운 일이기 때문입니다.

140자라는 한정된 글자 수로 얼마나 밀도 높은 정보를 전달할 수 있을까요? 다른 사람에게 얼마나 강렬하게 전달할 수 있을까요? 글자 수가 적기 때문에 뇌를 풀가동해서 생각해야 합니다. 짧지만 심오한 메시지가 특징인 트위터를 이용해 글쓰기 습관을 만드는 세 가지 방법을 소개하겠습니다.

먼저 소개할 방법은 이벤트나 스터디 모임의 '실황 중계 트윗'입니다. 다양한 이벤트와 세미나가 온라인으로 개최되는 시대입니다. 오프라인이 주류이던 시대에는 이벤트가 주로 도시에서 열렸기 때문에 지방 사람들은 참가하기가 쉽지 않았습니다. 하지만 온라인이 대세인 요즘은 전국 어디에 살아도 자유롭게 참가할 수 있습니다. 이벤트에 참가해서 감상을 트위터로 전달해 봅시다.

실황 트윗을 할 때는 이야기를 듣고만 있거나 개인적인 메모를 할 여유가 없습니다. '속도'가 생명이기 때문입니다. 제한된 시간 내에 필요한 정보만 한 번에 140자 이내로 요약해야 합니다. 이야기에 집중해서 되도록 많은 정보를 얻고, 바로 요약해서 트윗을 하는 데 온 힘을 기울여야 합니다. 요약하는 기술은 세 가지!

① 말하는 사람이 강조하는 부분을 파악한다.
② 앞에 숫자를 붙이는 등 명료하게 정리한다.
③ 잡담이라고 판단되면 깨끗하게 버린다.

트윗을 할 때는 주최 측에서 준비한 해시태그와 자기의 SNS 계정을 같이 올려서 주최 측에 어필하는 것도 잊지 마세요. 이런 부분을 의식하고 트위터를 활용하면 주최 측의 계정에 언급되거나 같은 이벤트에 참가한 사람들과 이어져 일석

이조의 효과를 낼 수 있습니다.

실황 트윗은 한번 해 보면 알겠지만, 굉장히 어렵습니다. 진행 속도가 빠르면 이야기를 정리하는 동안 다음 이야기가 시작되어 중요한 내용을 놓치기도 하지요. 그래서 이야기를 듣는 동안 손이 멈추지 않도록 뇌를 풀가동해야 합니다. 이렇게 연습하면 자신이 느낀 감정을 글로 잘 표현할 수 있을 뿐만 아니라 정보를 모자라지도, 넘치지도 않게 재빨리 요약하는 힘을 기를 수 있습니다. 흥미로운 이벤트를 발견했다면 듣기만 하지 말고 트위터로 실황 중계를 하며 요약하는 힘을 키워 봅시다.

트위터는 글쓰기 습관화에 최적화된 도구다. 트위터로 실황 중계를 하며 '요약력'을 키우자.

트윗으로 콘텐츠 감상의 마침표를 찍자

트위터로 글쓰기 습관을 만드는 두 번째 방법은 '감상 트윗'을 하는 겁니다. 책, 만화, 영화, 애니메이션 등을 봤으면 감상을 140자로 정리해 트윗해 봅시다. 감상을 길게 쓰는 건 어렵지만 140자라면 진입 장벽이 꽤 낮지 않나요? 초등학교 때 그렇게 쓰기 싫었던 200자 원고지 4장 분량의 독서감상문을 140자로 쓰는 느낌입니다. '음, 이 정도면 쓸 수 있을 것 같아'라는 생각이 들지요.

저는 책이나 영화 등의 감상 트윗에서 두 가지 형식을 자주 사용합니다. 하나는 책의 포인트를 항목별로 정리하는 방법입니다. 이 방법은 주로 실용서나 경제경영서에 적합합니다. **항목별 정리는 트위터와 합이 아주 좋습니다.** 사람들이 쓱 보고 지나치기 쉬운 타임라인 속에서 눈에 띄고 이해하기 쉽다는 인상을 주기 때문이지요. 글쓰기가 익숙하지 않은 사람이라도 항목별 정리법은 비교적 쉽게 할 수 있으니 꼭 도전해보기 바랍니다.

다른 하나는 140자를 꽉 채워서 감상을 정리하는 방법입니다. 짧은 감상문인 셈인데 소설이나 이야기 등의 감상을 정리하기에 좋습니다. 항목별 정리법에 비하면 요약 능력이 필요하지만, **누군가에게 소개한다는 마음으로 콘텐츠의 매력을 정리하면 됩니다.**

감상을 트윗할 때는 누군가의 감상을 참고하지 말고 완전히 자신의 언어로 요약하는 것이 중요합니다. 같은 책을 읽어도 좋았던 부분이나 느낀 감정은 사람마다 다 다릅니다.
'다른 사람과 의견이 다르면 어떡하지…' 하는 생각이 들어도 신경 쓰지 말고 내 안에서 나온 말과 감정을 소중하게 생각합시다. 의외로 사람들은 다른 사람의 의견을 궁금해합니다.

흥행하고 있는 영화를 보다가 뭔가 꺼림칙해서 '나만 그런가?' 하고 영화 후기를 검색해 본 적이 있지 않나요? 모든 것에 정답을 요구하는 시대에 사는 우리는 감상에 대해서도 답을 맞춰 보고 싶어 합니다. 그런데 생각해 보세요. 감상에는 정답이 정해져 있지 않습니다. 내가 느끼고 받아들인 그것이 정답인 것이죠. 영화 후기를 찾아볼 때 사람들은 그럴듯한 말을 매끈하게 늘어놓은 글보다 자기 생각을 솔직하게 쓴 글에 더 호감을 느낍니다. 최근에는 제작자 측도 관람자 반응이 궁금해 후기를 검색해 보기 때문에 감상 트윗을 쓰면 제작자에게 댓글이나 멘션을 받을지도 모릅니다. 저도 좋아하는 작가에게 직접 댓글을 받고 기분이 날아갈 것 같았던 순간이 있었습니다. 만약 여러분이 이 책의 감상을 트윗해 주면 저도 최선을 다해 찾겠습니다!

모처럼 시간을 내어 영화나 책을 봤는데 거기서 느낀 감정을 가슴에 담아 두기만 한다면 너무 아까운 일입니다. 꼭 140자 트윗으로 정리해 보세요. 아무리 해도 뭘 써야 할지 잘 떠오르지 않는다면 '재밌었다 이상의 감상을 남기는 독서법'(105쪽)에 글쓰기 소재를 찾기 위한 독서법을 소개할 테니 꼭 읽고 참고해 보세요.

책, 만화, 영화 등에 대한 감상을 트윗하면 자신의 감정을 말로 표현하는 연습이 된다.

일상 트윗은
재미있게 쓰자

트위터에서 인기가 많은 사람은 특별하지 않은 일상도 재미있고 특이하게 씁니다. 일상 트윗은 조금만 신경 쓰면 크게 어렵지 않아 꾸준히 할 수 있습니다.

'오늘 하루는 굉장히 힘들게 보냈군' 하는 마음이 들 때 그 감정을 그대로만 쓰면 보는 사람들은 '흠' 하고 넘어갈 뿐입니다. 글을 쓰는 자신도 '이런 걸 쓰는 게 의미가 있나?'라는 생각이 들죠. 트윗을 제대로 꾸준히 하고 싶다면 일어난 사건에 대해 '왜?'라고 물어야 합니다.

예를 들어 굉장히 힘든 하루를 보냈다고 해 봅시다.

'오늘 굉장히 힘들었던 건 왜지?' → '밤에 잠을 못 자서.'
'잠을 못 잔 건 왜지?' → '새벽 3시까지 일을 했으니까.'

이유를 알았으니 이렇게 쓸 수 있습니다. '밤늦게까지 일을 하면 컨디션이 나빠져서 일에도 지장이 생긴다. 이것이 바로 본말이 전도된 것! 일을 잘 해 보려고 무리를 했는데, 결국 일을 그르친 상황이 된 것이다.'

실제로 저는 일상생활을 소재로 삼아 이렇게 트윗을 합니다.

사건 하기 싫은 일을 해야 해서 스트레스가 쌓였다.

트윗 참고 또 참으면서 괴로운 일을 하면 결말이 뻔하고 자신에게 확실한 이득이 없는 한 스트레스만 쌓일 뿐이다. 그래도 해야 한다면 기간을 정하고 확실한 대가가 있다는 전제로 그 보상이 이따금 보이는 상태에서 해야 한다. 그래, 사우나랑 똑같네.

사건 프리랜서 친구들이 모였다.

트윗 오늘 프리랜서 친구들을 만났는데 뭘 해도 다 일과 연결된다는 얘기가 나왔다. "이렇게 카페에서 친구들과 이야기 나누는 것도 에피소드로 만들 생각부터 하니까"라고 입을 모았다. 좋든 나쁘든 전부 콘텐츠가 된다. 일을 쌓아 두고 만화만 읽는 나도 괜찮은 사람이라고 생각하고 마음을 편하게 먹어야지.

사건 컨디션이 저기압에다가 졸린다.

트윗 중요한 일은 컨디션이 좋을 때만 생각해야 한다. 몸 상태가 좋지 않으면 아무래도 부정적인 생각만 하게 된다. 건강한 신체에 건강한 정신이 깃드니까(해석: 저기압에다가 너무 졸려서 아무것도 하기 싫으니 미래가 보이지 않는다).

'재밌었다' '큰일 났다' 한마디로 끝낼 수 있는 일도 왜 그렇게 생각했는지 파고들면 생각이 깊어집니다. 이런 과정을 반복하면 별것 아닌 일도 재밌고 특색 있게 각색할 수 있게 되어 글을 한번 써 보자고 마음먹게 됩니다.

제가 쓴 트윗을 보면 알 수 있듯이 **일상 트윗의 포인트는 무리를 해서라도 교훈으로 연결하는 것입니다.** 이것이 '평범한 일상'을 '사람들이 읽는 글'로 만드는 기술입니다. '왜?'의 관점으로 일상을 파고들면 자신도 생각지 못한 발상에 도달하게 됩니다. 하나도 배울 점이 없을 것 같은 일에서도 교훈을 찾아낼 수 있지요.

'별것 아닌 일에도 마음이 움직이고, 교훈을 발견하고, 그것을 소재로 발전시켜 글로 표현할 수 있게 된다.' 이것이 일상 트윗을 습관화할 때 얻을 수 있는 유익입니다. 일단은 조금 신경을 써서 트윗을 해 봅시다. 계속하다 보면 일상을 바라보는 관점과 감성이 점점 날렵해집니다.

일상 트윗은 그날 일어났던 일을 그대로 쓰지 않는다. 깊이 파고들어 재미있는 소재로 발전시킨다.

조건이 갖춰지기를
기다리지 말자

지금까지 '습관 만들기'에 대해서 다양한 이야기를 했지만, **무언가를 하려고 해도 좀처럼 시작하기 어려운 사람한테는 '일단 시작하기'가 가장 좋은 방법입니다.** 제 경험상 '지금 하고 있는 일이 좀 안정되면 그때 시작해 볼까'라고 생각했던 일은 지금까지도 시작하지 못하고 있습니다. 이후에 일이 안정된다 하더라도 다른 일이 생기거나 열정이 식어 결국 뒤로 미뤄지는 거죠. 그러니까 '내일 해야지'는 쓸데없는 생각입니다.

저는 뭔가 생각나면 사소한 일은 전부 제쳐 두고 일단 그날에 시작하려고 합니다. **'지금 하고 싶어!'라는 두근거림이 있을 때 기세를 몰아 첫걸음을 내딛는 것이 중요하거든요.**

가끔 블로그를 시작하고 싶다고 말하는 사람들이 있는데,

저는 그때마다 그냥 시작하라고 말합니다. 하지만 결국엔 아무도 시작하지 않습니다. 준비나 조사를 하고 나서야 시작할 수 있다는 생각에 사로잡혀 있기 때문일지도 모릅니다. 영어 공부도 그렇게 하는 사람이 있지요. 제대로 공부해서 토익 고득점을 받은 후에 해외로 나가겠다는 겁니다. 저는 그보다는 바로 해외로 나가서 현지에서 공부하는 편이 더 효과적이라고 생각합니다.

준비는 물론 중요합니다. 그렇지만 준비를 하는 동안 의욕이 사라지거나 그냥 시간만 흘려보낸다면 너무 아깝지 않을까요? 저는 완벽하지 않아도 좋으니 일단 시작하고, 생각은 달리면서 하는 편이 더 좋다고 봅니다.

'린 스타트업'이라는 비즈니스 모델이 있습니다. 새로운 비즈니스를 시작할 때 초기 비용을 크게 들이지 않고 최소한의 기능을 가진 시제품을 재빨리 만든 뒤 고객의 반응을 보며 제품과 서비스를 개선함으로써 성공의 발판을 만드는 방법입니다.

'일단 시작하고 나머지는 달리면서 생각한다.' 이런 마인드는 신규 사업을 할 때뿐 아니라 개인이 소소한 무언가를 시작할 때도 도움이 됩니다. 조금 덜 갖추었다 하더라도 일단 시작해 봅시다. 부족한 부분은 하면서 보완해도 괜찮습니다.

'이 일이 대충 정리되면' '준비가 끝나면' 하고 말하는 사람에게 그 순간은 영원히 오지 않는다. 의욕의 불꽃이 사라지기 전에 지금 당장 시작하자.

part. 3

소재를 찾으면
계속 쓰게 된다

쓰는 만화

그러고 보니

강아지
배도 만지고

책도
읽고

창밖도
보는걸

내가 사랑하는 것들에 대해
적어도 좋겠어。

생각보다 내 안에
소재가 많아!!

일상은
글쓰기 소재의 보고

글을 쓰려고 할 때 가장 먼저 부딪히는 벽은 '뭘 써야 할지 모르겠다는 것'입니다. 그런데 SNS나 블로그를 보면 매일 빼먹지 않고 새로운 소재로 글을 쓰는 사람이 있습니다. 이런 사람과 나의 차이는 무엇일까요? 아마도 '일상을 소재로 글을 쓸 수 있는가'일 것입니다.

안타깝게도 우리 일상은 그렇게 드라마틱하지 않습니다. '오늘 하루 뭘 하면서 보냈지?' 하고 곰곰이 생각해 봐도 평범하기 그지없습니다. 아침에 일어나서, 빵을 먹고, 학교에 가서 수업을 듣고, 친구와 밥을 먹고, 집에 와서 TV를 보고, 스마트폰을 들여다보다가 잠을 잡니다. 굉장히 평범하죠?

하지만 일상을 소재로 만드는 기술을 익힌다면 이야기는 달라집니다. 뭐든지 훌륭한 소재로 만들어 글을 쓸 수 있거든요. 저는 마치 제 인생을 조금씩 잘라 팔기라도 하듯 일상을 글이라는 콘텐츠로 만듭니다. 인생을 조금씩 잘라서 판다고 하니 불쌍한 인생 또는 만화처럼 스릴이 넘치는 하루하루를 상상할지 모르지만, 전혀 그렇지 않습니다.

일상에서 있었던 일을 소재로 최근에는 이런 주제의 기사를 썼습니다.

- 오래 앉아 있었더니 발이 저렸다.
  → 집중력이 뛰어난 사람은 빨리 죽을지도 모른다.
- 드라마를 보다가 밤을 새웠다.
  → 머리가 잘 돌아가지 않는 심야 시간은 참 좋구나!
- 최애 아티스트의 공연을 보러 가지 못한다.
  → 좋아하는 사람에게는 좋아한다고 말하자.
- 휴일에 엉망진창으로 살았다.
  → 쉬는 데는 대의명분이 필요하네.
- 계획대로 되지 않던 일이 어떻게 하다 보니 해결되었다.
  → 계획 같은 건 사실 필요 없지 않아?

누가 봐도 정말 소소한 내용이죠. 휴일에 씻지도 않고 뒹굴거리거나 발에 쥐가 나거나 밤늦게까지 자지 않거나. 대부분의 사람이 '어? 이게 글쓰기 소재가 되나?' 하고 생각할 법한 흔하디 흔한 일상입니다. 하지만 이런 것도 훌륭한 글쓰기 소재가 됩니다. 1장에서 말한 것처럼 그 글의 가치를 결정하는 것은 내가 아니라 읽는 사람입니다. 그저 그런 일상이라도 조금의 노력을 기울여 쓴다면 때로는 특별한 글이 됩니다. 게다가 매일매일이 완전히 똑같은 사람은 없습니다. 기상 시간부터 공부하는 곳, 만나는 사람까지 조금씩은 다 다릅니다. 여러 상황에 대한 생각이나 콘텐츠에 대한 느낌도 달라지기 마련이고요. 그렇게 생각하면 **여러분에게는 일상적인 일이 다른 사람에게는 일상적이지 않은, 새로운 것일 수 있습니다.**

나의 평범한 일상이 누군가에게는 재미있고 유익하며 신기할 수 있습니다. 자신의 일상을 흔해 빠진 일상이라고 단정하는 것은 다른 사람이 아닌 자기 자신입니다. 3장에서는 흔한 일상을 소재로 삼는 방법에 대해서 소개하겠습니다.

지루한 일상도 훌륭한 글쓰기 소재가 될 수 있다. 나의 일상은 다른 사람에게는 비일상이 되기 때문이다.

애정으로 쓴 글은
힘이 있다

평범한 일상을 보내는 사람이라면 '좋아하는 것'에 대해 쓰는 게 가장 쉽습니다. 다른 사람들이 나의 애정을 이해하지 못해도 괜찮습니다!

일전에 저는 이런 기사를 썼습니다.

- 나의 최애인 사유리쨩(51)의 이야기를 들어 줘!
- 다무라 유카리(애니메이션 성우)의 공연에서 생각한, 좋아하는 일을 하며 산다는 것
- 「쓰르라미 울 적에」는 그로테스크 애니메이션이 아니야! 마음이 따뜻 해지는 애니메이션이야!

오타쿠 같은 이야기를 해서 죄송합니다. 하지만 많은 팬들이 공감해 주었고, 이 기사를 통해 저를 알게 되었다고 댓글

을 달아 준 사람도 있었습니다. 첫 번째 기사의 '사유리짱'은 간사이를 중심으로 활동하는 부부 만담 콤비 '가쓰미♥사유리'의 사유리입니다. 글에 애정을 듬뿍 담아 러브콜을 보낸 결과, 취재를 할 수 있었고 나중엔 같이 일도 하게 되었습니다.

콘텐츠에 대한 애정이 글쓰기 기술보다 더 힘이 셉니다.

여기서 질문을 하나 하겠습니다. 여러분은 지금까지 살면서 다양한 음식점에 가고 무언가를 보고 물건을 샀을 것입니다. 그런데 그것들은 전부 여러분이 찾아낸 건가요?

◦ 친한 친구가 추천해 줘서

◦ 연예인이 소개해서

◦ SNS에 올라와서

자기가 직접 찾아낸 것도 있겠지만 후기를 보고 선택한 것도 많지 않나요? 여러분의 마음을 움직인 그 후기에는 '이거 정말 좋아!'라는 애정이 담겨 있습니다. **좋아하는 것에 대해서 쓰면 그에 대한 애정이 글에 꽉 들어차서 읽는 사람에게도 전해집니다.** 정보가 넘쳐나는 지금 시대에 가장 신뢰할 수 있

는 것은 '좋아하는, 순수한 마음.'이라고 생각합니다. 그 마음
을 소중하게 그리고 당당하게 드러내 보세요.

  간혹 열광할 대상이 없다고 말하는 사람도 있습니다. 좋아
하는 게 없다는 사람에게 묻고 싶습니다. 지금, 마음에 여백
이 있나요? 마음에 여백이 없다면 좋아하는 것을 찾기 어렵
습니다. 좋아하는 감정은 굉장히 불확실한 마음입니다. 좋아
하는 동안엔 인생에 큰 힘이 되지만, 바빠서 마음의 여유가
없어지면 바로 잊힙니다. 그래서 저는 일에 치여 죽을 것 같
을 때는 일과 관련된 것들을 전부 놔두고 멀리 떠납니다. 그
러면 좋아하는 것이 떠오릅니다.

  좋아하는 게 없다고 느낀다면, 잠시 멈춰 서서 마음의 소리
에 귀를 기울여 보면 좋겠습니다.

 좋아하는 것에 대해서 쓴 글에는 애정이 묻어난다. 그 애정이 다
른 사람에게도 전달된다.

'메마른 마음'에서는 소재가 나오지 않는다

매일 글을 쓰다 보면 누구에게나 쓰기 싫은 날이 찾아옵니다. 스마트폰도 보기 싫고 컴퓨터도 켜기 싫고 수첩도 펴기 싫습니다. 이것은 어쩌면 인풋이 부족해서일지도 모릅니다.

책을 읽거나 영화를 보거나 다른 사람의 이야기를 듣거나 하면서 외부의 정보들을 받아들이는 것을 '인풋'이라고 합니다. 반대로 글을 쓰거나 그림을 그리거나 다른 사람에게 이야기하는 것은 '아웃풋'이라고 하지요.

이 책에서 인풋과 아웃풋을 이야기하는 이유는 이 둘의 균형이 정말 중요하기 때문입니다. 인풋만 있어도 안 되고, 인풋 없이 아웃풋만 있어도 언젠간 소재가 고갈됩니다. 그래서 글을 쓰고 싶지 않을 때는 일단 기분 전환을 하고 의식적으로 안테나를 세워 정보를 수집합니다. 좋아하는 책이나 영화를 봐도 좋고 누군가와 통화를 하며 이야기를 들어도 좋습니다. 외부로 눈을 돌려 보면 하고 싶은 말이 생기고 쓰고 싶다는 생각이 듭니다. **다양한 콘텐츠를 훑어보는 것도 소재를 찾는 중요한 방법입니다.** 여러 콘텐츠를 보다 보면 쓸 거리가 무한하게 생긴다고 해도 과언이 아닙니다. 영화 한 편을 봐도 다양한 감상이 들기 때문입니다.

'몹시 우울해진 주인공을 보고 내 어린 시절을 떠올렸다.'
'고백 장면이 너무 평범해서 별로였다. 나라면 이렇게 할 텐데….'
'내 취향의 배우를 발견했다.'

이처럼 '재미있다' '좋았다' 식의 단순한 감상에 머무르지 않고 그 이상의 다양한 생각이 떠오릅니다. 하지만 안타깝게도 이런 생각은 시간이 조금만 지나도 바로 잊히기 때문에 결국엔 '재밌었다'는 얕은 감상밖에 남지 않습니다. 뭐가 재밌었는지 세세한 부분은 생각나지 않습니다. 정말 아까운 일 아닌가요?

최근에 충격을 받은 일이 있었습니다. 친구가 소설을 추천해 달라기에 고등학생 때 써 놓은 독서 기록장을 폈는데 책의 내용이 거의 기억나지 않는 겁니다. 고등학생의 똘똘한 머리에 입력된 내용조차 생각나지 않으니 어른의 기억력 같은 건 말할 것도 없겠죠. 그러니 잊어버리기 전에 글로 써서 남겨야 합니다.

이런 사실을 염두에 두고 콘텐츠를 접하면 '여기에서 나는 뭘 느꼈지?'라고 자문하는 습관이 생깁니다. 그러면 다른 사람에게 전하고 싶은 말이 저절로 떠오릅니다. <u>쓰고 싶은 내용이 없을 때는 억지로 아이디어를 쥐어짜지 말고 새로운 기분으로 외부의 소재들을 '흡수'해 봅시다.</u>

 쓸 말이 없을 때는 내 안에서 무리하게 찾지 말고 밖으로 눈을 돌려 보자.

'재밌었다' 이상의
감상을 남기는 독서법

제 생각에 글 쓰는 법을 배우는 지름길은 독서라는 인풋을 즐기는 것입니다. 경제경영서에서는 논리 구조를, 소설에서는 다채로운 상황과 표현을 배울 수 있습니다.

독서 감상문은 쓸 내용이 없는 사람이 가장 쓰기 쉬운 글입니다. 글의 소재를 찾을 때나, 쓰는 연습을 할 때나 독서가 필요한 셈이죠. 그런데 대략적인 줄거리만 추려 넣거나 재밌었다는 감상만 적는, 독서 감상문을 어떻게 써야 할지 모르는 사람도 많습니다.

그래서 저의 독서법의 세 가지 포인트를 소개하려 합니다.

먼저 가장 중요한 것은 책을 되판다는 전제로 읽지 않는 것입니다. '언젠가 이 책을 팔 거니까 깨끗하게 읽어야지!'라는 마음도 이해하지만, 이렇게 생각하면 들고 다니거나 포스트잇을 붙이거나 책 모서리를 접는 것을 주저하게 됩니다. 저는 중요한 페이지는 거리낌 없이 모서리를 접습니다. 포스트잇을 붙이거나 메모하는 것은 귀찮기도 하고 독서의 흐름이 끊어지기 때문입니다. 독서를 할 때는 책 내용에만 집중합니다.

책을 비싸게 되팔기 위해 깨끗하게 보는 것보다 중요한 것은 끝까지 잘 읽고 자신에게 필요한 부분을 흡수하는 것입니다. 더럽히지 않으려고 신경 쓰기보다 얻을 수 있는 건 전부다 얻도록 더 열정적으로 책장을 넘깁시다.

두 번째는 책을 읽다가 마음에 걸리는 부분에 표시하는 것입니다. 책에는 저자가 쓰고 싶은 내용이 응축되어 있기 때문에 저자에게는 지울 문장이 하나도 없습니다. 하지만 읽는 사람에게는 마음에 남는 부분도 있지만 전혀 와닿지 않는 부분도 있습니다. '인생에서 중요한 24가지' 같은 류의 책에서 24가지 항목 전부가 와닿는 일은 거의 없지 않나요?

자신의 마음을 울리는 부분만 건져 올리면 됩니다. 마음에 걸리는 부분이 있다면 포스트잇을 붙이거나 모서리를 접어 표시합시다. 마음에 걸린다는 것은 나에게 필요했거나 신경 쓰는 부분이란 뜻이기 때문에 제대로 기억해 두면 좋습니다. 내용을 전부 취하려고 하면 중요한 부분이 어디인지 알 수 없습니다. '이거다!' 하는 부분에 표시한 다음 일단 계속 책을 읽습니다.

마지막으로, 책을 다 읽었으면 바로 감상문을 씁니다. 이것이 중요합니다. 정신과 의사인 가바사와 시온의 베스트셀러 『아웃풋 트레이닝』에 따르면 아웃풋과 인풋의 비율은 '7 대 3'이 가장 좋다고 합니다. <u>독서라는 행위는 감상문 쓰기라는 아웃풋까지 포함합니다. 아니, 오히려 아웃풋이 독서의 핵심이라고 해야 할지도 모릅니다.</u>
독서 감상문이라고 하면 어렵다고 손사래를 치는 사람도 있겠지만, 대단하지 않아도 좋습니다.

아주 간단하게 독서 감상문 쓰는 법을 소개하겠습니다.

일단 책을 다 읽으면 표시해 둔 곳을 보고 다시 꼼꼼히 체크합니다. 읽을 때는 크게 마음에 와닿았지만 다시 읽어 보면 그렇지 않은 부분도 있습니다. 그런 곳은 제외하고 가장 마음에 드는 문장을 고릅니다. 그리고 그 문장을 노트나 컴퓨터 또는 스마트폰 메모 앱 등에 옮기고, 다음과 같은 부분을 생각해 봅니다.

◦ 왜 그 부분이 마음에 와닿았을까?

◦ 지금의 나와 어떤 부분이 겹쳐 보였을까?

◦ 이 문장은 나를 어디로 데려다줄까?

이 질문으로 얻은 생각들을 옮겨 적은 문장 아래에 씁니다. 감상문을 어렵게만 생각하지 말고 메모 정도여도 좋으니 독서를 통해 느낀 점을 기록합니다.

이 방식이 익숙해졌다면 책을 읽은 후 감동이 식기 전에 SNS에 감상평을 길게 써 보는 것도 좋습니다. 노하우를 알려주는 글이라면 82~84쪽에서 소개한 방법을 참고하여 요약한 후 트윗 하는 것도 좋습니다. 요약된 내용이라도 알고 싶지만 시간에 쫓기는 현대인에게 반응이 옵니다. '요약'은 많은 사람들이 좋아하는 방식입니다.

책을 덮는 순간부터 내용에 대한 기억은 점차 사라집니다. '이 책은 정말 좋아. 시간이 있을 때 친구들과 나눠 봐야지' '이런 뜨거운 감정은 스마트폰으로 써서는 전해지지 않을 거야. 컴퓨터를 켤 수 있을 때 써야지' 하고 생각하다간 백만 년이 훌쩍 지나고 맙니다. **감상문은 감상 직후 바로 써야 합니다.**

'이 책에서 무엇을 흡수할까?'라는 인풋의 자세로, 적극적으로 책을 읽읍시다. 이왕 읽는 책, 나에게 도움이 되는 쪽으로 읽어 봅시다.

 독서는 글쓰기를 배우는 가장 빠른 지름길이다. 마음을 건드리는 부분에 표시하고 바로 감상문을 남기자.

주제를 정하고
나를 취재해 보자

　뭘 써야 할지 모를 때는 주제를 하나 정하는 것도 방법입니다. 예능 프로그램만 봐도 그냥 잡담을 나누는 게 아니라 토크 주제를 정해 놓고 그 주제에 맞는 이야기를 나누죠.

　입사 토론 면접을 떠올려 보세요. 처음 만난 사람들과 같은 그룹으로 묶이면 '쟤들이랑 무슨 얘기를 하나!' 싶지만 토론 주제가 주어지기 때문에 어떻게든 대화가 이어집니다.
　글을 쓸 때도 주제가 있으면 의외로 술술 써지기도 합니다.

- 최근에 겪은 재밌었던 일
- 인생에서 가장 감동적이었던 일
- 좋아하는 만화
- 존경하는 사람
- 휴일을 보내는 법

솔직히 말해서 주제는 뭐든 상관없습니다. 요점은, 아무것
도 없는 상태에서 무언가를 만드는 것보다는 어느 정도 선택
지가 있는 상태에서 만드는 게 훨씬 간단하다는 겁니다.

주제가 있으면 연관된 에피소드가 갑자기 떠오르기도 합
니다. 인터뷰를 하다 보면 상대가 "듣다 보니 이런 일이 생각
나네요" 하면서 과거의 일을 이야기하는 경우가 있습니다.
놀라울 만큼 뜨거운 감정이나 메시지가 튀어나오는 경우도
적지 않고요.

아무것도 없는 곳에서 열심히 소재를 찾느라 고생할 필요
는 없습니다. **쓸 이야기가 없다면 누군가에게 어떤 주제로 질
문을 받았다 생각하고 써 봅시다.** 주제는 걱정하지 마세요.
인터넷에서 '블로그 주제'로 검색하면 정보가 아주 많이 나
옵니다. 이 책 맨 끝에도 몇 가지를 정리해 두었으니 참고해
보세요.

 주제에 따라 써 보면 자신도 상상하지 못한 에피소드가 나온다.

특별할 게 없는
날에도 쓸 게 있다

지금까지 평범하기 그지없는 일상 속에서 글쓰기의 소재를 찾아내는 방법을 소개했습니다. 그런데 아무 일도 일어나지 않는 날이 반드시 있지요. 저만 해도 아무것도 하지 않고 잠옷 차림으로 온종일 침대에서 뒹구는 날이 많습니다. 아무 일도 없는 날은 누구에게나 있습니다.

그럴 때는 마지막 수단으로 '아무것도 하지 않은 것'을 소재로 글을 쓸 수 있습니다.

'오늘은 아무것도 하지 않았다. 아침이 되었지만 이불 속에서 나오지 않고 하루 종일 뒹굴며 보냈다. 그렇지만 가끔은 시간에 쫓기지 않고 여유롭게 하루를 보내는 것도 좋다고 생각했다. 이런 날에 내 자신을 나무라서는 안 된다. 아무것도 하지 않은 날에도 자신을 탓하지 말고 오늘도 잘 살았다고 칭

찬해 주고 싶다. 뭐, 이런 날도 있는 거니까.'

조금 억지스럽다는 느낌이 들지만 일단 글로 완성은 되었습니다. '글로 쓸 게 없잖아'라는 생각이 들어도 일단 '오늘은 아무것도 하지 않았다'로 시작해 봅니다. 그러면 '아니, 잠깐만. 가만히 생각해 보니까 밥도 먹었고 꿈도 꿨고 제대로 숨도 쉬었잖아?'라는 긍정적인 생각이 들면서 아무것도 하지 않은 나의 하루에서 뭔가를 발견하게 됩니다.

저는 매일 일기를 쓰면서, 꼭 일어난 일만 쓸 필요는 없다는 점을 알았습니다. 특별한 일이 없는 날에도, 멍하게 있으면서도 생각하거나 느낀 점은 분명 있습니다. 그러므로 아무것도 하지 않은 날에도 생각을 글로 표현할 수 있습니다.

일단 '아무것도 하지 않았다'라고 쓰면 내가 무언가 했다는 사실을 깨닫게 된다.

정보를 모으는 것만이
인풋은 아니다

'인풋'이라고 하면 뭔가 어렵고 벽이 느껴집니다. 인풋이라는 말을 계속 사용해 놓고 이제 와서 이런 말을 해서 죄송하지만, 3장의 마지막에서는 인풋과 관련된 오해에 대해서 이야기해 보려고 합니다.

이전에 "글쓰기 소재를 찾는 요령이 있나요?"라는 질문을 받고 "행사에 참가하거나 책을 읽거나 영화나 TV를 보거나 밥을 먹거나 친구를 만나서 이야기 나누는 겁니다"라고 대답했더니 질문한 사람이 그러더군요. "그러니까 인풋이 중요하다는 거네요!" 틀린 말은 아니지만 인풋이라는 단어를 떠올리면 뭔가 건조하고 차가운 느낌이 듭니다.

'양질의 인풋을 하자.'

경제경영서에서 자주 볼 수 있는 말입니다. 이 문장을 보면 두꺼운 책이나 몇 시간짜리 행사에서 유익한 정보를 효율적으로 모으는 이미지가 떠오릅니다. 그런데 제가 생각하는 '일상에서 소재를 찾는 요령'은 더 쉽고 소소합니다. 하늘을 올려다보면서 예쁘다고 감탄하거나 친구들의 이야기에 공감하는, 그런 것들이죠. 어떤 것을 접하고 어떤 것을 느끼고 어떤 것에 대해 감상하는 것.

감정이 움직였다면 그것이 바로 인풋입니다. 인풋이 필요하다고 해서 서툴거나 싫은 일을 억지로 열심히 할 필요는 없습니다. 아무리 많은 정보를 접한다 해도 감정이 움직이지 않는다면 아무것도 인풋되지 않은 것과 마찬가지입니다. 좋아하거나 신나는 일을 과감하게 해 보는 것도 인풋입니다. 기준을 낮춰서 인풋을 마음껏 즐기면 좋겠습니다.

감정이 움직였다면 그것이 바로 인풋이다. 기준을 너무 높게 잡지 말고 인풋을 즐기자.

part. 4

제대로 전달되면
더 잘 쓰게 된다

쓰는 만화

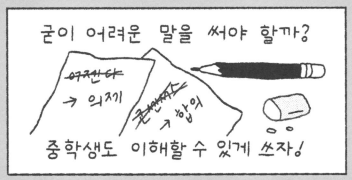

중학생이
이해할 수 있게 쓰자

글 쓰는 습관, 글쓰기 소재를 찾는 습관이 몸에 익었다면 조금 욕심을 내서 '누군가가 읽어 주는 글'을 목표로 쓰는 것도 좋습니다. 이제 나를 위한 글이 아니라 누군가를 위한 글을 쓰는 것입니다. 4장부터는 '다른 사람이 읽는다는 전제 아래 쓰는 글'에 대해 이야기하겠습니다.

독자를 염두에 두고 글을 쓴다고 해서 어려운 테크닉이 필요한 건 아닙니다. 이 책의 서두에서 누구나 글을 쓸 수 있다고 이야기한 것처럼, 중학생 때까지 배운 말만으로도 충분히 다른 사람에게 전해지는 글을 쓸 수 있습니다. 오히려 많은 사람들에게 확실히 전달되는 글은 쉬운 말로 쓴 글입니다.

저는 사실 경제경영서를 별로 좋아하지 않습니다. 영어로 된 전문용어가 누구나 아는 상식인 것처럼 엄청 나오니까요.

평소에 책을 자주 읽어 어휘가 풍부한 사람을 제외하면 어려운 단어가 나오는 순간 읽고 싶은 마음이 사라질 것입니다. 저도 사회인이 되었을 때 '콘센서스'나 '어젠다' 같은 영어 단어가 마구 나올 때마다 '합의나 의제라고 하면 안 되나?'라고 몇 번이나 고개를 갸웃거렸습니다. '오히려 영어로 쓰면 더 길어지는데…' 이러면서요. 비즈니스 용어는 참 어렵습니다.

본래 말은 사람들에게 무언가를 전달하기 위한 도구인데 이상하게도 사람들은 잘 전달되지 않는 말을 쓰려고 합니다. 아무래도 좀 멋있어 보이니까 그런 거겠죠. 저도 중학교 2학년 때 라이트노벨에서 '부감'이라는 말을 알고 나서는 괜히 더 사용하고 싶은 마음이 들더라고요. 그런데 어려운 말은 듣기는 좋을지 몰라도 아는 사람만 알아듣습니다. 반대로 말하면 쉬운 말을 사용할수록 좀 더 많은 사람들에게 전해집니다. 유명한 작가도 아니고 인플루언서도 아닌 저 같은 경우는 특히나 전달력을 생명으로 여겨야 합니다. 간단하고 쉬운 말을 써야 하지요.

쉽고 간단한 말을 사용하는 것은 어떤 의미로는 말에 기대지 않는다는 뜻이기도 합니다. 어려운 말은 뉘앙스만 이해하고 쓰기 때문에 의외로 편리합니다. 그렇지만 간단한 말로 어떤 것을 설명하려면 알기 쉽게 만드는 과정이 필요합니다. **즉, 간단한 말을 사용한다는 것은 생각을 깊이 한다는 뜻입니다.**

어려운 말을 일상적으로 사용하는 사람은 거기에 익숙해져서 아마 자신이 어려운 말로 대화한다는 의식도 하지 못할 겁니다. 듣는 사람도 "그거, 무슨 뜻이에요?"라고 중간에 굳이 묻지 않고 "그렇군요" 하고 알아들은 척을 합니다. 이런 경우 진짜 의미가 전해졌다고 자신 있게 말할 수 있을까요? '코어 컨피던스' 같은 말의 의미를 그 자리에서 바로 대답할 수 있는 사람이 얼마나 있을까요?

전문적인 내용을 일부 한정된 사람에게 전달하는 목적이라면 상관없습니다. 하지만 널리 알리고자 한다면 '내 또래도 아는 수준의 단어일까?' 하고 한 계단 내려와서 생각해야 합니다. 읽는 사람이 사전을 펴거나 구글에 검색하게 만드는 글은 생각보다 훨씬 더 전달되지 않습니다.

 전문적인 용어를 많이 사용하면 제대로 전달되지 않는다. 중학생이 이해 가능한 수준으로 쓰자.

설명하지 않아도
알 거라는 착각에서 벗어나자

단어 수준을 낮추는 것만큼이나 중요한 게 또 있습니다. 모든 문장을 '사람들이 모를 수 있다'라고 생각하며 쓰는 것입니다. 그러니까 자신이 아는 것을 세상 사람들도 당연히 알거라고 생각하지 않는 것입니다.

저는 예전부터 숫자에 자신이 없었는데, 중학교 때는 인수분해를 못해서 아버지에게 혼나면서 배웠습니다. 수학을 잘하는 아버지는 '이 정도는 누구나 다 알잖아!'라고 생각했고 그 속마음은 태도나 말에 그대로 배어났습니다. 저는 바보 취급 당한다는 생각에 화가 나서 도중에 그만둬 버렸습니다. 그 일을 계기로 저는 '상대는 내가 생각하는 것만큼 알지 못한다'라는 전제를 잊지 말자고 마음먹었습니다. 이 마음에는 상대를 비하하려는 것이 아니라 상대를 배려하고 존중하려는 의미가 담겨 있습니다.

저에게 가끔 글쓰기를 가르쳐 달라는 의뢰가 들어옵니다. 저는 '이건 정말 기본적인 건데…'라는 생각이 드는 내용도 초심을 기억하며 기초부터 찬찬히 가르칩니다.

내 글을 어디에 있는 누가 읽을지 알 수 없습니다. 그렇기 때문에 가능한 한 독자에게 물음표가 생기지 않도록 해야 합니다. 기본적으로는 다음의 두 가지에 주의합니다.

○ 전문용어는 쓰지 않는다(특히 영어).
○ 고유명사에는 꼭 설명을 추가한다.

전문용어란 제가 일하던 광고업계를 예로 들자면 '컨버전' '리바이즈' '프로토콜' 같은 용어를 말합니다. 이런 말은 다른 업계 사람들에게는 통하지 않을 수 있습니다. 저도 광고업계에서 일할 때는 전문용어가 입에 붙어 친구들 앞에서까지 쓰곤 했는데, 소통이 잘 안 됐고 '내가 이렇게까지 업계에 길들여졌나!' 하는 자괴감이 들기도 했습니다.
넓은 바다를 모르는 우물 안 개구리가 된 듯한 느낌이었죠.

밖으로 한 발 나가면 힘을 잃어버리는 말은 널리 퍼져 나가야 하는 글에는 어울리지 않습니다. 글을 다 쓴 후에 전문용

전문용어 다음으로 중요한 것은 고유명사에 대한 설명입니다. 예를 들면 저는 시부야에 거점을 둔 '아침시부'라는 아침 활동 커뮤니티에서 활동했습니다. 이 이야기를 할 때는 몇 번이고 설명을 합니다. '얼마 전에 아침시부에서 이런 일이 있었습니다'라고 하지 않고 '저는 아침시부라는 아침 활동 커뮤니티에 소속되어 있는데, 얼마 전에 열린 이벤트에서 이런 일이 있었습니다'라고 씁니다.

저에게 아침시부는 일상이기 때문에 아침시부라는 곳도, 제가 이곳에 소속되었다는 사실도 모두가 알고 있다고 착각하기 쉽습니다. 그렇지만 실제로는 가까운 SNS 친구만 알고 있을 뿐 대부분은 알지 못합니다. '얼마 전에 아침시부에서 이런 일이 있었다'라고만 쓰면 대부분은 '이게 뭐지?' 하고 의아해할 거예요.

내 글을 읽는 사람은 내 팬도 아니고 친구도 아닙니다. 어쩌다 인터넷에 떨어져 있는 글을 주워서 읽는 생판 남이라고 생각해야 합니다. '나, 원래 이렇잖아'라고 해도 그들은 '내가 어떻게 알아?'라고 반응할 수밖에 없습니다. 평소 주위 사람

들과 말이 잘 통하기 때문에 우리는 생판 남이 내 글을 읽을
수 있다는 전제를 잘 잊어버립니다.

　물론 '아침시부에 소속된 사람만!' '광고업계 사람들에게
만!' 등 특정한 사람들을 대상으로 쓴 글이라면 굳이 설명할
필요가 없습니다. 독자를 그렇게 한정한다면 전문용어도, 고
유명사도 적극적으로 사용하세요. 그렇지만 **많은 사람들이
봐 주길 바란다면 '말하지 않아도 알겠지'라는 착각에서 벗
어나야 합니다. 아주 조금 '친절한' 글을 씁시다.**

내가 알면 남들도 알 거라고 생각하지 않는다. 전문용어는 되도
록 피하고 고유명사에 대해서는 설명을 추가한다.

'한 사람'을 떠올리며 쓴다

신상품을 기획하거나 새로운 서비스를 구상할 때 특정한 타깃층을 생각하는 경우가 있습니다. '어떤 사람들을 위한 상품(서비스)인가'를 미리 정해 두는 것입니다. 때로 '연봉이 얼마이고 무엇을 먹고 어디에 살고 어떤 생활을 하는지'처럼 꽤 구체적인 이미지를 그리기도 합니다.

글을 쓸 때도 어떤 사람이 읽을지 생각하고 쓰는 게 중요하다는 말을 꽤 많이 듣습니다. 그런데 그런 것까지 생각하자니 쓸 의욕이 사그라들지 않던가요?

너무 귀찮아!!!!!!!

광고도 아니고 일상적인 글이라면 이렇게까지 세세하게 설정하지 않아도 괜찮습니다. 일기 같은 글은 그저 '가까운

한 사람'을 떠올리고 쓰면 좋습니다. <u>**노하우 전달이 목적이**</u><u>**라면 그것을 모르던 '과거의 나'를 향해 씁니다.**</u> 그렇게 쓰면 더 잘 전달됩니다.

'많은 사람들이 읽었으면 좋겠다!'라는 마음은 물론 이해하지만 많은 사람들이 읽길 바랄수록 그 누구에게도 전달되지 않는 두루뭉술한 문장이 되기 십상입니다. 독자의 범위를 넓게 잡을수록 읽었을 때 '나를 위해 쓴 글 같아!'라는 느낌이 덜합니다. 반면 신기하게도 한 사람을 떠올리며 쓴 글은 다른 사람들에게도 전해집니다. '너에게 하는 말'이라는 느낌이 물씬 나기 때문에 잘 전달되는 것입니다.

일단 복잡한 건 생각하지 말고 가족도 좋고 친구도 좋고 그 누구라도 좋으니 한 사람을 떠올리며 그 사람에게 말한다는 마음으로 써 보세요. 그러면 분명 다른 사람들에게서 공감의 댓글을 받게 될 거예요.

 타깃을 지나치게 세세하게 설정하지 않는다. '가까운 누군가'나 '과거의 나'를 향해 쓴다면 공감을 얻을 수 있다.

나답게
마무리하자

'여러분은 어떻게 생각하시나요?'로 끝을 맺는 인터넷 기사를 흔히 볼 수 있습니다.

'어떻게 생각하긴 뭘 어떻게 생각해. 알게 뭐야'라고 말하고 싶을 정도로 매력적이지 않습니다.

완벽주의를 벗어던지고 끝을 내는 게 중요하다고 말했지만, 어느 정도 글쓰기 습관이 몸에 배었고 한 걸음 더 나아가고 싶다면 끝을 맺는 방법도 고민할 필요가 있습니다.

마지막 문장으로 '어떻게 생각하시나요?'는 죽어도 쓰면 안 된다고 생각합니다.

아니, '어떻게 생각하시나요?'만의 문제가 아닙니다. 사람들이 자주 사용하는 마무리 문장을 그대로 쓰는 순간, 그 글 전체가 시시해집니다.

애써서 좋은 글을 썼는데 마지막 문장 때문에 전부 엉망이 될 가능성이 있는 것이죠.

정말 안타까운 일입니다.

물론 '여러분도 꼭 한번 도전해 보세요!'라든지 '감사합니다!'라고 끝을 맺으면 좋게 잘 마무리되는 느낌은 듭니다. 그렇지만 기시감이 드는 문장보다는 글 쓰는 사람의 마음에 드는 문장으로 끝맺는 게 더 나을 것 같습니다.

'뭔가 제대로 정리가 되지 않아서 죄송합니다'라고 끝내면 '아, 정말 마무리하기가 힘들었나 보구나' 하는 생각과 함께 귀엽다는 느낌마저 들지도 모릅니다.

'이제 슬슬 자려고 합니다. 모두 좋은 밤 되세요'라고 마무리하면 늦은 밤 불빛 아래서 글을 쓰는 모습이 상상되면서 다정한 느낌이 듭니다.

제가 존경하는 작가 중에 특이한 문장으로 글을 마무리하는 분이 있습니다.

예전에는 인터뷰 기사라고 하면 '이야기를 듣고 저도 ○○하려는 마음이 들었습니다'와 같이 인터뷰어로서 느낀 점을 마지막에 넣는 것이 일반적이었습니다.

그런데 그는 '○○ 씨가 출연하는 이 영상, 엄청 귀여워서 추천합니다!'라며 굉장히 개인적인 의견으로 마무리합니다.

작가의 캐릭터가 그대로 드러나 저절로 웃음이 납니다.

그의 글을 보면서 말미에 꼭 객관적인 사실만을 써야 하는 건 아니라는 사실을 배웠습니다.

요점은, 꼭 '좋게 좋게' 마무리할 필요는 없다는 것입니다.

논문이 아니니까 결론 같은 건 없어도 됩니다.

이상한 곳에서 끝을 내도 상관없습니다.

정형화된 문장 틀에서 벗어나면 나다움이 전해지는 글에 한 걸음 더 다가설 수 있습니다.

'좋게 좋게' 마무리하려고 하면 독자도 알아챈다. 깔끔하게 정리하려고 하지 말고 자신의 말로 끝내자.

진심이 배제된, 기계적인 글쓰기는 하지 말자

제가 좀 삐딱한 걸지도 모르지만, 저는 '누구나 쓸 수 있는 글'을 별로 좋아하지 않습니다.

세상에는 검색엔진에 최적화된 문장을 만들어 주는 기술도 있습니다. 특정 단어로 검색했을 때 검색 결과가 상위에 놓이게 하는 기술이지요. 'SEO(Search Engine Optimization) 라이팅'이라고도 부릅니다. 구글이나 네이버 같은 포털 사이트에서 이런 작업이 가능한데 이 작업을 통해 콘텐츠가 포털 사이트의 검색 결과에 누락되지 않도록 하고, 사용자가 원하는 콘텐츠의 내용을 검색엔진에게 알려 줄 수 있습니다.

사실 저는 별로 좋아하지 않는 방식입니다. 그럴듯한 글이지만 글을 쓴 사람이 보이지 않기 때문입니다.

SEO는 매뉴얼이 있어 요령을 터득하면 누구라도 쓸 수 있습니다. 하지만 글을 쓰는 사람의 존재를 배제한 이런 방식은 습관을 들이면 좋지 않습니다.

지금은 정보에 관해 '무엇을 썼는지'보다 '누가 썼는지'가 더 중요한 세상입니다.

예를 들어, 신상 컵라면이 있다고 합시다.

소비자는 리뷰나 기사를 찾아보고 따져 본 후에 사기도 하지만, 자신이 신뢰하는 요리 인플루언서가 소개한다면 바로 사기도 합니다.

얼마 전에 『미움받을 용기』라는 책을 읽었습니다. 정말 대단한 책이라는 후기를 SNS에 썼더니 많은 사람들이 제 후기를 보고 책을 구입했다고 댓글을 달았습니다.

200만 부가 넘게 팔린 베스트셀러이기 때문에 누구나 이 책의 존재는 알고 있었을 것입니다. 하지만 아직 사지 않은 사람도 있었죠.

그렇다면 왜 이번에는 구입을 하게 되었을까요.

그것은 신뢰하는 사람(부끄럽지만 저 말이죠)이 추천했고, 그 글에서 책에 대한 마음을 느꼈기 때문이라고 추측합니다.

제가 무슨 말을 하려는지 어렴풋이 아시겠죠?

누구나 쓸 수 있는 글에 부족한 것. 그것은 바로 글쓴이의 진심입니다.

'그래서, 네가 어떻게 생각한다는 건데?'가 빠졌다는 이야기입니다.

신상 컵라면이 5년 동안 개발한 제품이라는 사실을 알았어.
녹황색채소 농축액이 들어가 몸에 좋다는 사실도 알겠어.
가격도 알았고.

그래서 넌 먹어 보고 어땠는데?

이 부분이 중요합니다!

독자가 읽고 싶은 건 책의 줄거리가 아니라 책을 읽고 느낀 감상입니다. 같은 책을 읽어도 생각이나 느낌은 저마다 다릅니다. 사람들은 그것을 듣고 싶어 합니다.

자신의 언어로 자신의 진짜 생각을 쓴 글은 '누구나 쓸 수 있는 글'이 아닙니다.

그래서 '이 사람 해석, 괜찮은데' 또는 '이 사람 생각, 마음에 들어' 하며 팬이 되는 사람도 생깁니다.

물론 광고처럼 상품을 파는 것이 목적인 경우도 있습니다.

그때는 '이 컵라면은 지금까지 먹어 본 라면 중에 가장 맛있습니다!' 하고 약간의 과장과 거짓말을 섞어서 써야 할지도 모릅니다.

하지만 이런 경우도 솔직히 말하면 다음과 같이 쓰는 편이 더 설득력 있습니다.

'이 컵라면은 녹황색채소의 향이 강해서 채소를 싫어하는 나로서는 겉치레 인사로라도 먹기 좋다고 하기는 어렵다. 하지만 칼로리가 낮아서 죄책감이 느껴지지 않기 때문에 야식용으로 쟁여 두었다.'

이것이 글쓴이의 진심에 훨씬 가깝기 때문입니다.

기계적인 글은 점점 사람들이 읽지 않게 될 겁니다. 번지르르한 글이 아니라 진심을 담아 제대로 승부해야 합니다.

좋은 말만 할 필요도 없고 예쁜 글을 쓰려고 애쓰지 않아도 됩니다. 거짓 없는 말과 감정이 나라는 존재를 제대로 전달해 줄 테니까요.

자신의 말로 진심을 전한다면 누구나 쓸 수 있는 글에서 벗어날 수 있다. 망설이지 말고 솔직하게 써 보자.

아무리 어설퍼도
결국 쓰는 자가 이긴다

글에 자신이 없으니 첨삭해 달라는 부탁을 종종 받습니다.

읽어 보면 대부분은 아주 작은 문법적 실수만 있을 뿐이고, 오히려 글쓴이가 열심히 단어를 골라 가며 쓴 흔적이 글에 남아 있어 실수마저도 하나의 맛으로 느껴집니다.

그러니까 설사 글이 좀 어설프다 해도 확 공개해 버리세요!

얼마 전에도 친구가 정리가 잘 안 된다며 초고를 보냈는데, 나름대로 고뇌하며 쓴 글로 가슴을 울리는 무언가가 있었습니다.

그래서 이대로도 충분하다고 했더니 최고의 문장으로 끝을 맺어 공개하더군요. 그 글은 정말 많은 사람에게 읽혔습니다.

있는 그대로 자신을 드러내도 괜찮습니다.

4장에서는 사람들에게 잘 전달되는 글을 쓰는 방법에 대해서 소개했지만, 개인적인 글이라면 '잘 정리되지 않아도, 어설퍼도 괜찮다'라는 것이 저의 지론이자 결론입니다.

저는 집으로 돌아가는 길에 자주 글을 쓰는데, 술에 취해서 쓴 글을 다음 날 아침에 읽고 '무슨 말을 하려는지 하나도 모르겠네' 하고 웃을 때가 많습니다.

저는 이처럼 '일기 같은 글이 될 것 같지만 일단 쓸게!'라고 변명을 한 자락 깔고는 의미를 알 수 없는 글을 참 많이도 썼습니다. 갈팡질팡하거나 제목과 관계없는 내용을 쓰거나 삼천포로 빠지거나⋯.

그런데 그런 글에도 '네 마음을 알 것 같아' '힘내' '뭉클했다' 같은 반응이 달립니다.

왜냐하면 제가 그런 글도 세상에 공개했기 때문입니다.

누군가가 읽어 주길 바란다면 공개해야 합니다. 어설퍼도 주저하지 마세요.

여담이지만, 제가 좋아하는 한 아이돌은 취재 기사 등에 들어가는 자기 사진을 체크하지 않고 모두 매니저에게 맡긴다고 합니다.

몇 번이나 반복해서 말하는데 자신의 좋고 나쁨을 스스로 평가하는 것만큼 의미 없는 일도 없습니다. 그러니 일단 글을 썼으면 겁내지 말고 발표해 버립시다!

자꾸 공개하다 보면 배짱도 생기고 글이 쌓이면서 자신감도 생깁니다.

인터넷에서 뜨는 글이 반드시 잘 쓴 글은 아닙니다. '어린이집 모집에 떨어졌다. 정부는 죽어라!!!'라는 제목의 글이 익명으로 인터넷 사이트에 올라와 유명해진 적이 있습니다.

이 글 역시 잘 쓴 글이냐 아니냐의 기준으로 판단할 수 없습니다.

다만 어린이집 모집에서 떨어진 것, 앞으로 일을 어떻게 해야 할지 막막한 것, 저출산을 대비한다고 하면서도 나라의 지원이 좀처럼 뒷받침되지 않는 것 등에 대한 불안과 분노를 정말 잘 전하고 있습니다.

글의 수준이 어떻든 간에 의미가 전해진 것입니다.

이것이 중요합니다.

누군가에게 도움이 되겠다, 좋은 글을 쓰겠다 같은 목적도 없이 그냥 분노를 쏟아 낸 글이 전국을 떠들썩하게 만들었습니다. 이것을 보면 문법을 잘 지키고 논리적으로 잘 쓴 글이라서 사람들이 읽고 널리 공유하는 게 아니라는 사실을 알 수 있습니다.

제 생각을 조금 거칠게 말하자면 쓰거나 쓰지 않거나, 단지 그 차이일 뿐입니다.

쓰면 누군가의 눈에 띄어 무언가가 시작될지 모릅니다. 하지만 쓰지 않으면 사람들에게 발견될 길이 없지요.

하고 싶은 말이 있다면 펜을 쥐어야 합니다.

그리고 잘 쓰지 못했더라도 세상에 공개합니다.

세상은 크게 변하지 않더라도 여러분의 인생은 조금 바뀔지 모릅니다.

사람들은 잘 쓴 글만 찾아 읽지 않는다. 어설픈 글이라도 세상에 공개하는 것에 의미가 있다.

part. 5

사람들이 읽어 주면 글이 더 좋아진다

쓰는 만화

결국 블로그에 올려 버렸다.

upload!

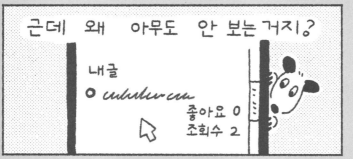

근데 왜 아무도 안 보는 거지?

내글
○ ~~~~~~~~

좋아요 0
조회수 2

그거야 네가
한 개만 올렸으니까...

으아악

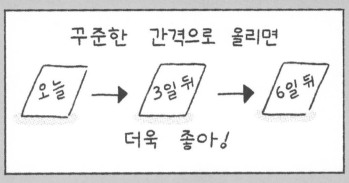

꾸준한 간격으로 올리면

오늘 → 3일 뒤 → 6일 뒤

더욱 좋아!

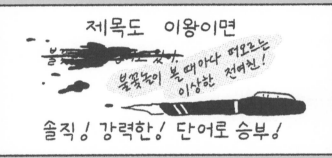

제목도 이왕이면

솔직! 강력한! 단어로 승부!

그러면 조금씩 너의 글을

내글

찾아오는 이들이 생길 거야。

제목은 강력한 단어와
주관을 넣어 짓는다

글의 소재를 찾거나 글 쓰는 일에 재미가 들리면 더 많은 사람들이 읽어 주길 바라게 됩니다.

다른 사람에게 읽힌다는 것을 가장 우선시할 필요는 없지만, 거기에서 오는 만족감이 계속 쓰도록 독려하는 것만은 사실입니다.

그래서 5장에서는 좀 더 많은 사람들이 읽는 글의 특징에 대해서 소개하려고 합니다.

먼저 누군가가 내 글을 읽게 되는 계기는, 기사나 블로그 포스팅의 경우라면 역시 '제목'입니다.

여러분도 서점 진열대에 놓인 수많은 책 가운데 한 권을 집어 들 때 제목에 영향을 받지 않나요?

인터넷 기사를 읽고 나서 그 아래에 있는 관련 기사를 읽을지 말지 판단할 때도 제목을 보고 결정하는 경우가 많죠.

제목이 글의 얼굴인 셈입니다.

그렇기 때문에 기사 작성은 외부 작가에게 맡기더라도 제목만큼은 편집부가 결정하는 경우가 많습니다.

완벽한 제목을 한순간에 떠올리기는 쉽지 않습니다.

저도 일단 적당한 제목을 붙여 글을 쓰고 마지막에 전체를 보면서 다시 수정하는 경우가 많습니다.

많은 사람들에게 읽히고 싶다면 제목을 구체적으로 지어야 합니다.

저는 제목에 '강렬한 단어'와 '주관'을 넣습니다.

예를 들어 '불꽃놀이 구경하고 왔습니다'라는 제목보다는 '불꽃놀이를 볼 때마다 떠오르는 나의 이상한 전 여친 이야기'라는 제목일 때 더 읽고 싶어집니다.

다른 사람이 불꽃놀이를 보러 간 이야기에 관심을 갖는 사람은 많지 않습니다.

그렇지만 거기에 '이상한 전 여친'이라는 말이 들어가면 '어떤 전 여친이지?'라는 생각이 듭니다. '이상한 전 여친'이라는 강렬한 단어가 독자를 확 끌어당기는 것입니다.

그냥 잘생긴 배우보다는 조금 특이한 조연 배우가 인상에 남는 것처럼 제목에도 독특한 무언가가 들어가면 나도 모르게 눈길이 멈춥니다.

제목에 주관을 넣는 것도 중요합니다.

예를 들어, 책에 대한 감상을 쓸 때 '○○을 읽고'라고 제목 붙인다면 이 책을 이미 알고 있거나 읽고 싶어 하던 사람들만 읽게 될 가능성이 있습니다.

그런데 '이 세상은 편견으로 만들어졌을지도 모른다. ○○을 읽고'처럼 자신의 생각을 먼저 쓰고 책 제목을 언급하면 어떨까요?

책 내용에 흥미가 없던 사람도 '이 세상이 편견으로 만들어졌다니, 무슨 말이지?' 하고 글쓴이의 주관에 관심을 보이며 글을 읽게 됩니다.

어떤 일의 노하우를 소개할 때도 마찬가지입니다.

'요알못도 거뜬히 만드는 카레 요리 비법'

'자기 전에 몰려오는 부정적인 생각에서 벗어나는 법'

위와 같이 자신의 주관을 넣어 구체적으로 쓰면 사람을 끌어당기는 힘이 강해집니다.

전체 내용을 두루뭉술하게 설명하는 것보다 구체적인 내용을 강렬한 단어와 주관을 섞어 살짝 보여 주면 사람들은 그 내용을 궁금해합니다.

　여러분이 정성껏 쓴 글이니 기분에 따라 대충 짓지 말고 읽고 싶어지는 제목을 붙여 봅시다!

 강렬한 단어와 주관을 넣은 제목은 많은 사람들을 매료시킨다.

'1퍼센트의 경험'이
100퍼센트의 평론을 이긴다

여러분은 뭔가를 살 때 어떤 것에 결정적인 영향을 받나요?

신중한 편인 저는 뭔가를 사기 전에 다른 사람들의 평가나 리뷰를 살펴봅니다.

사람에 따라 다르게 느끼는 걸 알면서도 좋지 않은 리뷰가 달린 상품은 구입하기가 망설여집니다.

반대로 후기가 좋으면 그것이 거짓(리뷰 알바가 쓴 글)이 아니라는 것을 확인한 다음 사는 편입니다. 돈을 주고 거짓 리뷰를 쓰게 하는 기업도 있으니까요!

평가가 좋든 나쁘든, 결국 물건을 사려는 사람들이 알고 싶은 건 실제 후기입니다. 실제 사용해 본 경험이 담긴 글을 더 많이 찾지요.

정보를 아무리 자세하게 쓴다 해도 전부 책이나 인터넷에서 찾을 수 있는 내용이라면 꼭 그 글을 읽어야 할 이유가 없습니다.

반면에 실제 경험은 그 사람만의 유일무이한 것입니다. 다른 누군가의 경험으로 대체할 수 없는 귀중한 보물인 셈이죠.

예를 들어 마케팅에 대해 쓴 책이 두 권 있다고 해 봅시다.

하나는 현역 마케터가 현장에서 익힌 커뮤니케이션 기술을 적어 내려간 책.

다른 하나는 마케팅을 전공했지만 실제로 경험해 본 적 없는 컨설턴트가 '이렇게 하면 잘되지 않을까?' 하고 탁상공론을 늘어놓은 책.

당연히 전자가 설득력이 있겠죠.

실제로 경험해 보지 않은 것을 마치 경험한 것처럼 쓰면 굉장히 얕은 글이 됩니다. 구체적이지 않고 두루뭉술해서 재미가 없습니다.

'아직 써 보지 않았지만 너무 좋을 것 같아 별 5개 드립니다!' 같은 상품 리뷰처럼 읽고 싶은 생각이 싹 가십니다.

프리랜서로 일하는 저는 독립할 때까지 준비한 내용, 고생한 경험, 미리 준비하면 좋은 것 등을 기사로 쓰고 강연에서도 이야기했습니다. 그랬더니 많은 분들이 "프리랜서의 리얼

한 상황을 알 수 있어서 내가 프리랜서가 되었을 때의 생활을 쉽게 상상할 수 있었다”라고 얘기해 주셨습니다.

세상에 프리랜서의 이야기는 많고도 다양하기 때문에 사실 저는 ‘내 이야기가 참고가 될까?’라는 생각을 하면서 글을 쓰고 강연도 했습니다.

하지만 내가 직접 체험한 것은 나만의 이야기가 됩니다.

완전히 똑같은 경험을 한 사람은 없기 때문에 가치가 생기는 것이죠.

경험 그대로를 글로 옮기는 게 불편하다면 내용에 크게 영향을 주지 않는 범위 내에서 지명, 인명 같은 고유명사를 애매하게 표기하거나 일의 발생 시기를 조금 다르게 써 보는 것도 좋습니다.

경험하지 않은 내용을 좋게 포장해서 쓰는 것보다는 조금 창피한 내용이라도 실제로 있었던 일을 쓰는 게 좋습니다.

사람들은 여러분의 실제 경험을 궁금해합니다.

 실제 경험이 들어 있는 글은 가치가 있다. 자신의 경험을 있는 그대로 써 보자.

'마치 나에게 하는 말 같아'라고 느끼게 만드는 비밀의 말

'오늘은 ○○해서 마음이 안 좋았어.'
'오늘은 ○○해서 마음이 안 좋았어. 너도 조심해.'

두 문장을 보면 내용은 거의 똑같지만 읽었을 때 느낌이 조금 다르지 않나요?

첫 번째 문장은 혼잣말이고, 두 번째 문장은 나에게 말을 거는 듯합니다. 덧붙은 말, '너도 조심해'는 그저 그런 일기를 퍼 나르는 일기로 만들어 주는 비밀의 말입니다.

제가 저 말을 덧붙인 까닭은 읽는 사람이 글에 감정 이입을 하도록 하기 위해서입니다.

무언가를 공유하고 싶어 하는 마음을 들여다보면 '나도 그랬어. 뭔지 알지'라는 공감과 '이건 도움이 되겠어'라는 효용감에 닿아 있다는 사실을 알 수 있습니다.

그러니까 글을 읽는 사람이 자신에게 대입해서 읽을 수 있도록 조금의 수고를 들이는 게 좋습니다.

'나랑 똑같아.'
'나에게 하는 말 같아.'
'이건 나한테 필요한 정보네?'

이런 생각을 이끌어 내는 글이라면 자연스럽게 퍼져 나갈 것입니다.

제 일기 제목을 몇 가지 써 보겠습니다.

- 당신의 글은 당신이 자고 있을 때도 멋대로 일을 한다.
- 친구가 별로 없다고? 없어도 그만이야!
- 좋아하는 건 모두 다 다르니까 좋아하는 일을 해도 분명 괜찮을 거야.
- 누군가와 함께 있어도 외로운 너에게
- 자신감이 없는 너에게 몇 번이고 하고 싶은 말, "넌 정말 대단해".

개인적인 생각을 늘어놓는 일기지만 읽는 사람이 무언가를 배웠거나 발견했다고 느끼도록 제목에 신경을 썼습니다.

또한 '당신' '너' '모두'라는 단어를 써서 누군가에게 말을 거는 듯한 제목으로 만들었습니다.

본문에서도 제목과 마찬가지로 '감정 이입'이 필요합니다.
다음의 내용이 핵심입니다.

① 소재가 되는 사건에 대해서 쓴다.

② 그 사건에서 얻은 '교훈'과 '변화'에 대해서 쓴다.

③ 말을 걸어 본다(~라고 생각하지 않나요?).

④ 주어를 '우리'로 바꿔 본다.

⑤ 마지막에 '넌 어떻게 생각해?'라고 이야기할 여지를 준다.

나 혼자 보는 일기도 아닌데 일어난 사건에 대해서만 쓴 글을 자주 봅니다. '음, 그렇군' 하는 반응밖에 할 수 없는 글은 사람들이 공유하지 않습니다.

자신의 글이 읽히길 바란다면, 읽는 사람이 '음, 그렇군. 나라면~' 하고 자신에게 대입해 볼 수 있도록 제목과 글을 의식해서 써야 합니다. 그러면 여러분의 체험이나 감상도 점점 많은 사람들에게 읽혀질 것입니다.

단순한 일기도 독자가 자신에게 대입해 볼 수 있도록 쓰면 공감을 받을 수 있다.

구독자가 하루 일과로 내 글을 읽게 한다

"매일 당신의 일기를 읽는 것으로 하루를 시작합니다."

한 구독자에게 이런 말을 들은 적이 있습니다.

저는 일기를 항상 집에 가는 길에 쓰기 때문에 대체로 저녁 8시에서 10시 사이에 일기를 업데이트합니다. 그래서 생활 패턴이 일반적인 사람이나 저녁형 인간은 그 시간대에, 아침형 인간은 다음 날 아침 기상 후에 읽는 경우가 많은 것 같습니다.

일기를 낮에 업데이트하는 경우는 거의 없습니다. 낮에는 사람들이 정신없이 바빠서 읽을 여유가 없기 때문입니다.

정기적으로 내 글을 찾아 읽게 만들기 위해서는 '누군가의 일과'로 만드는 게 중요합니다.

매주 금요일에 유튜브 영상을 올리는 친구는 구독자에게 이런 댓글을 자주 받는다고 합니다. "항상 주말을 기다립니다!" "○○ 님의 영상을 보면 벌써 금요일이라는 게 실감납니다."

매번 같은 요일이나 시간대에 업데이트를 하면 누군가의 일상에 자연스럽게 녹아들 가능성이 있습니다.

제 경우에는 역시 밤에 올린 글이 반응이 좋습니다.

제 글에 비즈니스 성공 전략이나 스킬처럼 꼭 얻어 갈 게 있진 않습니다. 저는 그보다는 그날 있었던 작은 발견이나 힘들었던 일을 있는 그대로 씁니다. 글을 읽고 나서 '이런 사람도 있구나' '이 느낌, 뭔지 알지' 하고 생각해 주면 좋겠다, 딱 이 정도의 마음으로 씁니다.

부담 없이 읽을 수 있는 그런 글은 아무래도 할 일을 다 끝낸 편안한 시간에 읽고 싶죠. 퇴근길 전철 안에서나 저녁 식사 후 쉬는 시간에나 자기 전 침대 속에서나.

한편, 밤에 업데이트한 글을 아침에 다시 공유하면 아침형 독자도 확실히 잡을 수 있습니다. 자신의 글이 어떨 때 읽고 싶어지는지를 상상하고 그 타이밍에 맞게 올려 봅시다.

특별한 내용이 없더라도 업데이트하는 시간을 일정하게 정해서 누군가의 일과가 되게 만든다.

유익한 글인가 아닌가는
읽는 사람이 판단한다

회사에 다닐 때 '나의 생각이나 의견을 사람들에게 전달하는 법'을 주제로 강연해 달라는 부탁을 받은 적이 있습니다.

확고한 신념이 없는 평범한 회사원이었기 때문에 그저 평소에 제가 어떻게 하는지를 정리해 발표했습니다. 얼마나 자신이 없었던지 강연 제목을 '유삐의 무익 세미나'라고 지을 정도였습니다.

그런데 강의 후에 엄청 유익했다는 평가를 많이 받았습니다. 유익한지 아닌지는 내가 판단하는 게 아니라 받아들이는 사람이 결정한다는 사실을 이때 깨달았습니다.

'내가 쓰는 글이 누군가에게 도움이 되는지 안 되는지 모르겠다'고 고민하는 사람을 본 적이 있는데, 이것은 자신이 판단할 부분이 아닙니다.

반대로 생각하면 모든 글은 독자가 모르는 부분에서만큼

은 유익하거나 유용할 가능성이 있습니다.

저도 이 책을 쓰면서 '누구에게 도움이 되려나?' 하고 고민했지만, 일단 내고 판단하자고 마음먹었습니다.

사람은 자신이 새롭게 발견한 것에 대해서는 유익하다고 느끼고, 이미 알고 있는 것에 대해서는 무익하다고 느낍니다. **그래서 나만 알고 있는 내용을 써야 합니다.**

여러분이 은연중에 무익하다고 여기던 것들이 그 세계를 체험한 적 없는 사람에게는 유익할 수 있습니다.

혼자 판단하지 말고 과감하게 꺼내 봅시다.

이렇게 간단한 방법만으로 '나는 무익하다'라고 믿던 사람의 생각이 바뀔 수 있습니다.

유익한지 무익한지는 내가 결정하는 게 아니다. 누군가에게 새로운 발견을 제공한다면 그 글은 유익한 것이다.

나의 경험이
미래의 누군가를 구할 수 있다

'그때 이렇게 했으면 좋았을걸.'

'이런 정보가 그때도 있었다면 결과가 달라졌을지도 몰라.'

사실 이런 후회가 사람들이 좋아하는 기사의 '씨앗'이 됩니다.

여러분도 예전에는 미처 몰랐지만 지금은 알게 된 게 많지 않나요?

학창 시절이 얼마나 소중한지는 사회인이 되어 보지 않으면 알기 어렵고, 사람을 보는 안목은 사람에게 배신당해 보지 않으면 생기지 않습니다.

실패는 만회할 수 없으며 시간은 되돌릴 수 없습니다. 하지만 나의 체험이 누군가의 미래는 구할 수 있을지 모릅니다.

세상에 나와 있는 많은 책에는 실패를 극복한 성공담이 담

158

겨 있습니다.

저자가 과거의 나와 다를 바 없는 독자에게 "나처럼 되지 마"라고 조언해 주는 것입니다. 나와 같은 실패를 하지 않도록 시행착오를 하며 배운 것들을 공유하는 것이죠.

아무것도 모르는 과거의 나를 향해 쓴 글은 구체적인 에피소드, 끝없는 후회, 실패를 미연에 방지하기 위한 노하우가 담긴 '친절한 글'이 됩니다. 그런 글은 가치를 지닙니다.

'하고 싶은 일이 있다면 경제적으로 안정되기까지 기다리지 말고 빨리 실행하는 편이 낫다'라는 내용의 기사를 쓴 적이 있습니다. 대학교 시절에 꿈을 뒤로 미루고 취직을 선택한 것에 대한 후회로 쓴 글입니다.

"정말 마음에 와닿았다" "가장 젊은 시절은 지금이다" 같은 댓글이 수없이 달렸습니다. 조금이라도 누군가의 미래를 구한 것 같아 기뻤습니다.

사람들의 고민은 어떻게 보면 뻔합니다.
과거의 나처럼 고민하는 사람이 지금도 어딘가에 반드시 있습니다.
누가 내 글을 읽을지 잘 떠오르지 않는다면 일단 과거의 나를 향해 씁시다.

그 글은 과거의 나와 같은 고민을 하는 사람에게 반드시 전해질 것입니다.

과거의 나를 향해 글을 쓰면 비슷한 상황에 놓인 사람들이 읽게 된다. '이렇게 했으면 좋았을걸'이라는 후회가 미래의 누군가를 구한다.

솔직한 글이
공감을 이끌어 낸다

혹시 애인에게 일방적으로 이별 통보를 받았나요? 그렇다면 에두르지 말고 솔직하게 '재수 없는 쓰레기!!!'라고 쓰는 편이 공감을 얻기 쉽습니다.

사람들이 많이 읽는 글과 그렇지 않은 글의 차이는 '얼마나 솔직하게 드러냈는가'입니다.

사실 그게 전부라고 해도 과언이 아닙니다.

오래 사귄 남자 친구에게 차였다고 해 봅시다.

그 마음을 글로 쓰려고 할 때 지인들이 읽을 거란 생각에 마음에도 없는 말을 쓰지 않나요? '이런저런 일이 있었지만 네 덕분에 내가 성장한 것 같아. 고마워'라는 식으로.

'차였지만 그런 건 전혀 신경 쓰지 않는 쿨한 여자'인 척을 하는 겁니다. 차인 게 좋은 일도 아닐뿐더러 그 사람과 좋은 관계를 이어 가지 못했다는 방증 같아서 내 자신이 탐탁지 않기 때문이겠죠.

실연만이 아닙니다. 많은 사람들이 일이나 대인관계에서의 실패를 실패라고 인정하기 싫어서 은연중에 그럴듯하게 포장합니다.

하지만 살다 보면 좋게만 끝낼 수 없는 일이 많습니다.

복잡하게 뒤얽힌 마음이 폭발할 것 같을 때, 머리로는 이해하지만 감정이 요동칠 때… 이럴 때는 도저히 말을 억누르기 어렵습니다.

세상에는 부조리한 일도 정말 많습니다.

일을 제대로 하고도 좋은 평가를 받지 못하거나 잘못한 것 없이도 불합리하게 혼이 난다거나 하는 식이죠.

하지만 성인이니까 보통은 진심을 감춘 채 이성적으로 대응합니다. 속에서 열불이 나도 어떻게든 마음을 진정시키고 평온한 일상을 되찾기 위해 아무렇지 않은 척 행동합니다.

하지만 솔직히 말해도 되지 않을까요?

재수 없는 쓰레기!!!

이렇게 말이죠.

'4년이나 사귀었는데 그 이상한 애한테 한 번에 넘어가서 나를 버려? 눈이 어떻게 됐니? 내가 가만둘 줄 알아?'

이 정도는 써야 읽는 사람의 마음에도 '그래, 그건 아니지' 하는 공감이 폭풍처럼 일어날 거예요.

제가 구독하고 있는 일기가 하나 있습니다.
글은 엉망이지만 속내를 드러내기 때문에 재미있습니다.
힘들 때는 확실히 '힘들어!'라고 부르짖고, 느닷없이 '저는 일을 못합니다!'라는 문장으로 글을 시작합니다.
엄청 솔직하죠. 지나치게 솔직해서 제 마음이 조마조마할 정도입니다. 하지만 슬픔도 기쁨도 바로 전해지기 때문에 항상 응원하는 마음으로 '좋아요'를 누르게 됩니다.

꾸밈없이 쓴 글이 재미있습니다.
진심이니까 사람들이 읽습니다.
진심을 걸어 내면 나라는 존재가 글에서 사라지고 맙니다.

point 솔직하게 쓸수록 생생한 나만의 글이 된다. 사람들이 읽어 주길 바란다면 솔직함으로 승부해 보자.

남과
비슷하게 쓰지 않아도 된다

저는 일본인이니까 흔한 일본인에 대해 잠시 이야기할게요. 일본인은 자신의 의견이 없다는 말을 자주 듣는데, 이 말에는 다소 어폐가 있는 것 같습니다.

정확히 말하자면, 공적인 자리에서 자신의 의견이 없는 것처럼 보일 뿐이지요.

일본인도 신뢰하는 사람에게는 거침없이 의견을 말하기도 하고, 누구에게도 말하지 않지만 마음속에 뜨거운 열정을 간직할 때도 있습니다. 다만 가슴속에 간직한 생각을 공개적으로는 말하지 못하는 경우가 많지요.

"다른 분들 의견과 같아요" "저도 그렇게 생각합니다" 같은 말은 분명 조화를 깨고 싶지 않은 사람들 사이에서는 효과적입니다.

그렇지만 '착한 아이의 글'은 좋든 나쁘든 사람들이 읽지 않습니다.

이전에 아쿠타가와상을 수상한 도노 하루카의 『파국』이라는 소설을 읽고 '배를 잡고 웃었다'라는 제목으로 기사를 쓴 적이 있습니다.

『파국』은 극찬을 받은 작품인데 묘사 하나하나가 기발해서 굉장히 재미있습니다.

저명한 문학상인 아쿠타가와상 수상 작품에 대해 '배를 잡고 웃었다'라는 감상을 쓰는 것이 조금 실례일 수도 있지만, 그것이 제 100퍼센트 솔직한 마음이었습니다.

결과적으로 이 감상을 읽고 책을 샀다는 사람도 있었고, 작가에게도 '좋아요'를 받았습니다(어떤 의미로 '좋아요'를 누른 것인지는 모르겠지만!).

크게 흥행했던 신카이 마코토의 〈날씨의 아이〉를 보고는 느낀 그대로 '주인공이 엄청 자기중심적이네!'라고 썼습니다(오히려 이 점이 작가가 노린 것이었지만요).

돌려 말하지 않고 있는 그대로 쓴 글을 사람들은 더 좋아합니다.

그러니 다른 사람들과 비슷하게 쓰지 않아도 괜찮습니다.

'착하기만 한 글'은 사람들이 싫어하지 않지만 좋아하지도 않습니다.

'이렇게 느껴도 괜찮은가…'라는 생각이 들어도 그것이 여러분의 감상입니다. 그대로 쓰면 됩니다.

종이 위에서만큼은 에둘러서 표현하지 않아도 괜찮지 않을까요?

 남들 생각에 맞춰 쓰지 말고 느낀 대로 쓴다.

말이라는 칼로
상처 주지 말자

돌려 말하지 말자고 했지만, 말 혹은 글로 남에게 상처를 주는 것은 또 다른 이야기입니다.

여러분도 다 알고 있듯이 말은 어떤 것보다도 날카로운 칼이 될 수 있습니다.

말만으로도 사람을 궁지에 몰아넣을 수 있고 마음에 평생 가는 상처를 남길 수 있습니다. 최근에는 SNS 댓글에 괴로워하다가 극단적인 선택을 한 연예인의 뉴스가 보도되기도 했습니다.

특정한 사람을 타깃으로 정하고 날카로운 칼날을 겨누는 것은 '친절한 인터넷'의 세계와는 어울리지 않습니다.

더 좋은 세상을 위해 만들어진 인터넷 때문에 상처를 입고 싸움이 일어나는 것을 보면 인류는 퇴화 중이 아닐까 하는 생각이 듭니다.

사람은 때로 자신도 모르게 다른 사람에게 상처를 줍니다. 조심한다고 하는데도 어쩌다 한 말이 누군가에게는 날카로운 칼이 되기도 합니다.

악의 없는 가해자가 되고 싶지 않으면 조심하는 것만으론 부족합니다. 글로 다른 사람을 찌르지 않겠다고 자신에게 다짐을 받아 둡시다.

감사하게도 제 글은 많은 사람들에게 읽히는데도 부정적인 댓글이 없는데, 제가 글을 쓸 때 단어 선택에 꽤 신경을 쓰기 때문이라고 생각합니다.

저는 불특정 다수를 향해 글을 쓸 때는 아래의 기준을 중요하게 생각합니다.

- 눈앞에 상대가 있어도 직접 말할 수 있을까?
- 그 사람의 인격을 부정하고 있지는 않나?
- 일부러 글로 쓸 필요가 있을까?

아무리 지루한 만화라 해도 작가 본인에게 직접 "이거, 진짜 재미없네"라고 댓글을 다는 건 표현의 자유가 아니라 악의적인 댓글에 불과합니다.

이런 상황에서 저는 자주 선을 긋습니다.

바로 '개인적으로는'이라는 단서를 다는 것입니다.

본인에게 직접 말하는 것도 아니고 인격을 부정하는 것도 아니고 '개인적으로' 생각한 것을 말하는 것은 당연히 자유입니다.

물론, 아무도 상처받지 않을 말만 할 수는 없습니다.

세심한 주의를 기울여도 까딱 잘못하면 악플이 쇄도하는 것이 요즘 세상입니다.

'빵이 맛있다'라고만 써도 '밀가루 알레르기가 있는 아이의 기분은 생각해 본 적 없나요?'라는 말을 듣기도 합니다.

전 인류가 '좋아요'를 누를 수 있는 글 같은 건 없습니다. 가치관이 모두 다르기 때문이죠.

그러나 누군가가 다치지 않도록 세심하게 주의를 기울이는 건 글쓰기의 기본이라고 생각합니다.

글을 다 썼다면 한발 물러나 처음부터 다시 읽어 보면서 '이대로 정말 괜찮을까?' 하고 살펴봅시다. 이렇게만 해도 단어를 선택하는 능력이 좋아집니다.

의도적으로 상처를 주는 건 좋지 않다고 말했지만, 하고 싶은 말을 하지 못하는 분위기는 오히려 공동체를 해치기 때문에 개인의 의견은 최대한 존중되어야 한다고 생각합니다. 불합리한 일에 목소리를 높일 수 있는 것은 인터넷 세계의 장점이기도 하니까요.

목소리를 내는 것과 의도적으로 상처 주는 것을 명백히 구분하고, 글이 칼이 될 수도 있다는 사실을 깨닫고, 세심하게 신경을 쓰며 글을 썼으면 좋겠습니다.

 글로 의도적으로 누군가에게 상처를 줘서는 안 된다. 전 인류의 이해는 못 받더라도 단어 선택만큼은 세심하게 주의를 기울이자.

반응이 없어도
실망하지 말자

　내가 쓴 글에 사람들의 반응이 없다고 우울해할 필요는 없습니다. 저는 친구를 만나면 열에 열 번 "그 기사, 잘 봤어!"라는 말을 듣는데, 그제야 친구가 제 글을 읽고 있다는 걸 알게 됩니다.

　내 글이 읽히고 있다는 사실을 확인할 방법은 별로 없습니다. 기사의 페이지뷰, 기사를 공유한 SNS에 눌린 '좋아요' 수, 기사에 달리는 댓글 정도뿐입니다.

　다른 사람이 내 글을 읽고 있다는 사실을 실감할 일이 의외로 많지 않습니다.

　실제로는 읽기만 하고 '좋아요'를 누르지 않는 사람들이 대다수입니다.

　실은 저 역시 내용에 너무 집중해서 누르는 걸 깜빡하는 경우도 많습니다(죄송합니다!).

여러분도 기사나 블로그를 집중해서 읽다 보면 그 여운이나 만족감 때문에 '좋아요' 누르는 걸 잊기도 할 거예요. 개인적인 글이 대부분인 블로그에는 굳이 흔적을 남기지 않기도 하고요.

SNS의 경우, 읽은 글에 전부 '좋아요'를 누르지는 않습니다. 자신이 글을 읽었다는 사실을 글쓴이가 아는 것을 원하지 않는 경우도 있을 테고요.

글이 좋을 때도 그렇습니다. '좋아요'를 누르지 않는 경우도 있고, 굳이 상대방에게 알리지 않는 경우도 있습니다.

그러니까 글에 대한 반응이 적을 뿐 사실은 많은 이들이 조용히 읽고 있습니다.

'좋아요'를 통한 평가가 직관적이기 때문에 마치 '좋아요' 수가 전부인 것처럼 느껴질 때가 많습니다.

하지만 실제로는 그보다 많은 사람들이 여러분의 글을 읽고 있습니다.

숫자로 보이지 않는다고 해서 읽는 사람이 없는 건 아닙니다. '누군가에게는 전해질지도 몰라'라고 생각하며 쓴다면 글쓰기에 대해 조금 더 긍정적인 마음을 가질 수 있을 겁니다. 그러니 '좋아요'의 수에 크게 집착하지 않았으면 좋겠습니다.

글을 처음 쓸 때는 아무도 읽지 않을지도 모르고 '좋아요' 같은 반응이 적을지도 모릅니다.

'좋아요'를 누르지 않았을 뿐 실제로는 그 100배 정도의 사람이 읽고 있을지도 모르고요.

그렇게 생각하면서 글을 쓰면 좋겠습니다.

조용히 혼자 읽고 가는 사람들이 분명히 있습니다.

저를 포함해서 말이죠.

'좋아요'에 집착하면 의욕이 떨어진다. 내 글을 읽는 사람이 반드시 있다고 믿자.

part. 6

글쓰기를 통해
얻을 수 있는 것

: 쓰는 만화

세상도 나를 더

잘 이해하게 되었어.

평범한 매일매일이

특별한 하루가 되곤 해.

글은 나의 삶을

다채롭게 만들어 줘!

답답한 마음을 글로 정리하면
불안의 정체를 알 수 있다

글을 쓰다 보면 문득 '나는 왜 글을 쓰지?'라는 생각이 들어 멈칫할 때가 있습니다.

그럴 때 용기를 낼 수 있도록, 마지막 장에서는 글쓰기의 유익이 무엇인지 그리고 글쓰기가 지금까지 저를 어떻게 구원해 주었는지 짚어 보겠습니다.

조금 개인적인 내용이지만 도움이 되었으면 좋겠습니다.

살다 보면, 이유는 잘 모르겠지만 불안하고 답답할 때가 있습니다. 적어도 저는 그렇기 때문에 그런 전제 아래 이야기를 이어 가겠습니다!

누군가에게 속마음을 털어놓는 것만으로 깨끗하게 해결될 때도 있지만, 세상에는 다른 사람에게는 말하지 못하거나 표현하기 힘든 이야기도 있는 법이지요.

그럴 때 글을 쓰면 불안함이나 답답함이 많이 해소됩니다.

일단 생각나는 대로 찬찬히 써 보면 눈이 글자를 인식하면서 조금씩 생각이 정리됩니다.

그렇게 계속 쓰다 보면 어느새 '아, 내가 이런 걸로 고민했구나' 하는 지점에 도달합니다. 불안하고 답답한 마음의 정체를 알 수 있게 되는 겁니다.

방송작가, 영화·다큐멘터리 감독 등 다양한 분야에서 활동하는 줄리아 카메론의 『아티스트 웨이』라는 책이 있습니다.

저자는 이 책에서 '모닝 페이지'라는 것을 소개합니다.

모닝 페이지는 매일 아침 무엇이든 생각나는 대로 적어 노트 세 쪽을 채우는 활동을 말합니다. 머릿속을 정리하고 창의성을 높이는 것이 이 활동의 목적입니다.

저는 모닝 페이지를 밤에 응용해 보았습니다. 침대에 누웠지만 잠이 오지 않을 때 '내게 무슨 고민이 있나?' 하고 다시 일어나 노트를 펴고 생각나는 대로 무작정 씁니다.

불안하고 답답한 마음을 종이 위에 쏟아 내듯 적어 내려가면 신기하게도 머리가 비워지고 맑아져 푹 잘 수 있습니다.

뇌의 용량은 한정되어 있기 때문에 한 번에 생각할 수 있는 일의 개수가 정해져 있습니다.

생각이나 감정을 다른 사람에게 털어놓으면 머릿속이 정

리된다고들 하는데, 글쓰기를 하면 혼자서도 정리할 수 있습니다.

꼭 문장 형태가 아니어도 됩니다. 번호를 붙여 나열하거나 단어만 써도 괜찮습니다. 마음이 답답할 때는 일단 글을 쓰면서 복잡하게 얽혀 있는 생각을 하나하나 풀어 보세요.

 글로 써 보면 정체불명의 불안감이나 답답함이 눈에 보이기 시작한다. 혼자서 고민을 해결하고 싶을 때는 글을 써 보자.

글 속에서
나도 몰랐던 나를 발견한다

그날 있었던 일이나 느낀 점을 매일 글로 표현하면 자신의 사고 패턴과 '나'라는 인간이 보이기 시작합니다.

저는 오랫동안 제가 긍정적인 사람이라고 생각하며 살았습니다. 그런데 지금까지 써 온 글을 보니 매사를 나쁘게 생각하고 부정적으로 몰고 가는 경향이 보였습니다. 제가 엄청나게 부정적인 인간이라는 사실이 드러난 것이지요.

인간은 자기 객관화를 어려워하는 존재입니다.

심리학자인 조셉 러프트와 해리 잉햄은 자신과 타인의 인식 차이를 보여 주는 '조해리의 창'이라는 분석틀을 개발했습니다.

조해리의 창은 크게 네 가지로 이뤄집니다.

① 나도 알고 타인도 아는 영역(열린 창/open)

② 나는 모르지만 타인은 아는 영역(보이지 않는 창/blind)

③ 타인은 모르지만 나는 아는 영역(숨겨진 창/hidden)

④ 나도 모르고 타인도 모르는 영역(미지의 창/unknown)

여기에서 내가 알 수 있는 영역은 ①과 ③입니다.

그런데 자신이 느낀 것을 매일 기록하다 보면 ①과 ③은 더 깊게 알게 되고 ④까지도 자연스럽게 보이게 됩니다.

'나'에 대해서는 내가 가장 잘 안다고 생각하지만, 사실은 그렇지 않지요.

자신이 쓴 글을 한 걸음 떨어져 바라본 후에야 비로소 진짜 나를 발견하는 일도 있습니다.

요즘 'MBTI' 같은 심리 툴을 활용한 '자기 이해'가 유행하고 있습니다.

타인이 정해 둔 답에 휘둘리기 쉬운 요즘 시대에는 자신에 대해서 잘 알수록 어떻게 해야 순탄하게 살 수 있는지 이해하고 그렇게 살아갈 수 있기 때문일 거예요.

내가 어떤 것에 기뻐하고 슬퍼하는지, 내가 무엇을 잘하고 못하는지 아는 것은 중요합니다.

만약 자신이 사람 만나는 걸 좋아하는 유형임을 안다면 마케팅 분야에서 일하면서 능력을 발휘할 수도 있고 울적할 때 사람을 만나 활기를 되찾을 수도 있습니다.

나에 대해서 알면 무리하는 일을 줄이고 기분 좋은 시간을 늘릴 수 있습니다.

특별한 방법이나 서비스를 이용하지 않고도, 해외로 자기 탐색 여행을 떠나지 않아도 자신이 쓴 글과 마주하면 내가 누구인지 알 수 있습니다.

자신의 글 속에서 나를 발견해 봅시다.

글쓰기는 자신을 이해하는 일이기도 합니다.

내 생각을 말로 표현하고 멀리서 바라보면, 나도 몰랐던 내가 보이기 시작한다.

글은
직접 전할 수 없는 마음도 전달한다

다른 사람에게 자신의 솔직한 마음을 말로 전달하기는 쉽지 않습니다. 그렇기 때문에 사람들은 하고 싶은 말이 있을 때 손편지나 이메일을 쓰곤 하지요.

즉, 말 표현이 서툰 사람에게 글쓰기는 하나의 자기표현 수단입니다.

저도 말을 잘하지 못합니다.

사람들이 많이 모이는 파티 같은 데 가면 대부분 구석에서 어색하게 서성입니다.

하고 싶은 말이 있어도 조금이라도 언쟁의 소지가 있다면 '됐어' 하고 속으로 삼킵니다.

생각나는 말이 있어도 굳이 하지 않습니다.

아니, 못합니다.

'알아주는 사람이 있으면 그걸로 됐지' 하고 넘어갑니다.

그러다 보니 속마음을 말하지 않아서 오해를 받는 경우도 종종 있습니다.

그런데 글로 표현을 하면서부터는 "이런 생각을 하고 있는지 이제 알았어"라는 말을 듣곤 합니다. 친한 친구에게 "너는 항상 밝아서 이런 면이 있다는 걸 전혀 몰랐어"라는 말도 들었고요.

직접 말하고 싶진 않았던 이야기들을 누군가 알아주면 뜻밖의 기쁨이 생깁니다.

사람을 눈앞에 두고 마음을 전하는 일은 어렵지만, 글로는 솔직한 마음을 드러낼 수 있습니다.

자연스럽게 말이 떠오르고, 긴장하지 않고도 하고 싶은 말을 글자로 구체화할 수 있습니다.

글쓰기란 굉장히 자유로운 세계입니다.

지금은 SNS나 메신저 앱만으로도 일을 하는 시대입니다.

커뮤니케이션 능력이 없어도, 텍스트 커뮤니케이션 능력만 가지고도 문제없이 살아갈 수 있습니다.

평소에는 과묵하지만 글에서는 굉장히 수다스럽다고요?

그걸로 충분합니다.

말을 잘하지 못하고 커뮤니케이션하는 데 좀 부족해도 글쓰기를 통해 나라는 사람을 제대로 표현할 수 있습니다.

대화에 자신이 없을수록 글을 통해 자신의 생각을 전해 본다. 사람들 앞에서 말할 때보다 솔직해질 수 있기 때문이다.

글을 쓰면
지구 어딘가에 있을 친구를 만나게 된다

"언제부터 글을 쓰셨어요?"

이런 질문을 자주 받습니다.

저는 중학교 2학년 때 블로그를 개설한 게 계기가 되어 본격적으로 글을 쓰기 시작했습니다. 아버지가 발령을 받아 미국으로 막 건너갔을 때였습니다.

그때는 영어도 못하고 친구도 없어서 빨리 고향으로 돌아가고 싶다는 생각만 했습니다.

그러던 어느 날 '이런 괴로운 날들도 글로 남겨 두면 언젠가 소중한 자산이 될지도 몰라'라는 생각이 들어 매일 블로그에 글을 쓰기 시작했습니다.

매일 학교에서 돌아오면 블로그만 들여다보는 날이 이어졌습니다.

처음에는 구독자가 한 명도 없었는데 조금씩 늘더니 나중에는 바다 너머 다양한 사람들과 댓글을 주고받을 만큼 많아 졌습니다. 그렇게 글쓰기에 푹 빠져서 계속 블로그를 하게 되 었습니다.

저는 외톨이였는데 글쓰기를 통해 세계 곳곳에 저의 친구 가 생긴 것입니다.

이 경험이 저를 계속 쓰게 만들었습니다.

그때까지 친구란 것은 목소리를 높이지 않으면 생기지 않 는 법이라고 생각했습니다. 교실에서도 존재감이 있고 목소 리가 크고 밝고 명랑한 애들한테만 친구가 생긴다고 여겼습 니다. 자신을 죽이고 누군가에게 다가가지 않으면 친구가 될 수 없다고 생각했습니다.

그런데 글을 쓰니 글이 친구를 데려다주었습니다.

글을 공개하니 "맞아요!" 하며 공감해 주는 사람이 나타났 습니다. 제 의견에 찬성하고 저를 응원해 주는 사람들도 모여 들었습니다.

물론 전혀 모르는 사람들입니다.

우연히 저의 글을 읽고 우연히 댓글을 단 것이죠.

그저 그것뿐일지도 모릅니다.

어쩌면 한 번뿐인 관계일지도 모릅니다.

그래도 같은 생각을 하는 사람이 공감해 주니 큰 용기가 생기던걸요.

'나만 그럴지도 몰라'라는 생각으로 쓴 글에 "나도 그래"라는 댓글이 달리면 안심이 됩니다.

그렇게 힘을 얻어 다시 글을 쓸 수 있었습니다.

이 넓은 세계 어딘가에 아직 만나지 못한 친구가 반드시 있을 것입니다. 글쓰기에는 그런 친구들과 나를 연결해 주는 힘이 있습니다.

계속 글을 쓰다 보면, 목소리를 크게 내지 않아도 응원해 주거나 공감해 주는 친구를 만날 수 있다.

글이 알아서 움직이며 널리 퍼져 나간다

어느 날, 너무 지쳐서 하루 종일 침대에서 일어나지 못했습니다. 귀중한 하루를 아무것도 하지 않고 날려 버렸다는 생각에 기분 또한 가라앉았습니다.

그런 마음을 친구에게 얘기했더니 "제대로 일해 놓고 왜?"라고 대답하는 게 아니겠어요? "무슨 말이야?" 하고 되물었더니 그 친구는 이렇게 답했습니다.

"너는 자고 있었을지 몰라도, 그동안 네가 쓴 기사나 트윗을 사람들이 읽었으니까 글이 알아서 일을 한 거지!"

그 말을 듣고 이때껏 깨닫지 못했던 사실을 알게 되었습니다.

글은 일단 공개하면 삭제될 때까지 인터넷의 바다를 떠다닙니다. 쌓이고 쌓인 글은 마음대로 퍼져 나가서 멋대로 소비되고 멋대로 가치를 만들어 내지요.

지금 글을 많이 써 공개하면 아파서 한동안 일을 하지 못해도 그 글이 내 분신이 되어 알아서 일을 할 것이란 뜻입니다.

가능성 있는 얘기입니다.

일주일 정도 아무런 기사를 쓰지 못했을 때 예전에 쓴 글에 '좋아요'가 눌리는 걸 보면서 '어딘가에 사는 누군가가 읽어 줬구나' 하고 생각한 적이 있었거든요.

그러고 보니 이 책의 출간도 제가 1년 전에 쓴 글을 편집자가 읽고 연락을 하면서 시작되었습니다. **내 글이 1년이라는 시간을 타고 흘러가 전혀 모르는 사람에게 전해져 그와 나를 새롭게 연결해 주었습니다.**

내가 쓴 글이 있는 한, 매일 어딘가에서 누군가가 내 글을 읽고 나의 존재를 인식합니다.

비록 오늘 내가 아무것도 하지 않았다 하더라도 말이죠.

 일단 공개한 글은 나도 모르는 곳에서 누군가에게 읽힐 가능성이 있다.

평범한 하루가
의미 있는 날로 저장된다

◦ 친구와 놀았던 날

◦ 스타벅스에서 글 쓴 날

◦ 사우나에 간 날

누군가를 만났거나 특별한 일이 있었던 날은 이런 식으로 라벨을 붙이기 좋습니다.

하지만 집에 틀어박혀서 지내다 보면 라벨을 붙일 수 없는 날도 있죠. '오늘도 아무 일이 없었네…' 하는 날들이요.

'집에서 멍하게 보낸 날'이라는 라벨을 일주일 내내 붙여야 할지도 모릅니다.

그런데 이런 재미없는 라벨은 붙이고 싶지 않지요.

자, 말의 힘을 발휘해 평범한 하루를 특별하게 만들어 봅시다.

듣고 기분 좋았던 말, 마음이 움직인 순간, 보면서 감탄했던 것들을 까먹기 전에 메모해 봅시다.

그렇게 하면 '집에서 멍하게 보낸 날'이 '편의점에서 산 민트초코 아이스크림이 맛있었던 날' '과제가 호평받은 날' '동물 프로그램을 보며 울었던 날'로 바뀔 수 있습니다.

글로 의미를 부여하면 '아무 일도 없었던 날'이 '어떤 일이 있었던 날'로 바뀝니다.

우리가 에세이라고 부르는 것도 특별한 체험이 아닌 일상 속 특별할 것 없는 세상에 대해서 다루고 있지 않나요?

인생에 드라마틱한 일은 좀처럼 일어나지 않지만, 평범한 일도 말로 각색해 보면 드라마틱해집니다.

의미를 부여하면 다른 사람이 보기에 별것 아닌 날이어도, 적어도 내가 다시 읽을 때는 '그래, 그때 그런 일이 있었지' 하고 추억하게 하는 하루가 됩니다.

글쓰기에는 이렇게 과거에 대한 해석을 바꾸는 힘이 있습니다.

'아무 일도 없었던 날'에 의미를 부여하여 '어떤 일이 있었던 날' 로 바꾸자.

내가 쓰는 글은
미래의 나를 응원하는 '희망의 편지'다

어느 깊은 밤, 왠지 잠이 오지 않아 트위터에 들어갔다가 제가 예전에 쓴 기사에 대해 감상을 쓴 트윗을 발견했습니다.

1년 전쯤 쓴 기사였는데 내용이 잘 기억나지 않아 다시 읽어 봤습니다.

방황했구나, 화가 났었구나, 엉엉 울었구나, 별거 아닌 일로 고민했구나….

이런 생각을 하며 보다가 문득 제가 울고 있다는 사실을 깨달았습니다.

부끄럽지만 예전의 제가 쓴 글에 제가 감동한 것입니다.

매일 필사적으로 살다 보면 뒤돌아볼 타이밍을 놓치기 쉽습니다.

돌아본다 해도 별로 한 일이 없다는 사실에 실망해서 걸음을 멈출지도 모르고요.

하지만 글은 확실하게 남아 인생의 궤적을 보여 줍니다.

지난날 쓴 글을 보면 '이런 일을 해 왔구나'라는 실감이 들면서 자신이 조금씩 앞으로 나아가고 있다는 사실을 확신할 수 있습니다.

지금까지 계속 글을 써 왔다고 했지만, 대학을 다니던 4년간은 리포트 이외의 글을 전혀 쓰지 않았습니다.

대학생활을 즐기느라 정신이 없어 블로그도 하지 않고 일기를 쓰는 습관도 놓쳤습니다.

그때의 생활은 어렴풋하게 남아 있을 뿐입니다. 사이좋게 지냈던 친구, 활동했던 동아리, 고생했던 아르바이트 경험….

안타깝게도 4년이라는 시간 동안 어떤 생각을 하고 어떤 행동을 하며 어떤 하루하루를 보냈는지에 대한 세세한 것은 하나도 기억나지 않습니다.

즐겁고 소중한 시간이었을 텐데 그 기억이 하나도 남질 않았습니다.

글로 남기지 않았기 때문에 추억하기도 힘듭니다.

내 생각이 얼마나 성장했는지도 알 수 없습니다.

굉장히 안타까운 일이기에 지금도 후회를 합니다.

많은 작가들에게는 '그때니까 쓸 수 있었던' 명작이 있습니다.

그 순간의 일은 그 순간의 나만 쓸 수 있습니다.

그러니 사진을 찍는 것처럼 글로 지금의 나를 남겨 두세요.

사진은 찍은 직후보다 몇 년이 지나 다시 볼 때 더 반짝입니다. 마찬가지로 글도 어느 정도 시간이 지나 다시 보면 굉장히 사랑스럽습니다. 불안한 마음에 마구 갈겨쓴 글조차 '이런 아무것도 아닌 일로 고민하다니 정말 어렸네'라는 회상에 잠기게 합니다.

사람들은 곧잘 초심을 잊지 말자고 말하는데, 이때도 글쓰기가 도움이 됩니다.

아무리 괴로운 기억도 언젠가는 내면에서 제대로 소화되는 날이 옵니다. 그날이 올 거라 믿고 글을 쓰면 좋겠습니다.

그 순간에 쓴 글이 미래의 여러분을 응원해 줄 것입니다.

저는 가끔 프리랜서로 일하는 목적이 흔들릴 때마다 무척 좋아하던 회사를 그만뒀을 때 쓴 글을 다시 읽습니다.

읽다 보면 내가 어떤 생각으로 그만뒀는지, 뭘 하려고 이 길을 선택했는지가 생각나서 다시 열심히 해야겠다고 마음을 다잡게 됩니다.

지금 쓰는 글은 "더 이상 못 하겠어" 하고 멈춰 설 미래의 나에게 보내는 편지와도 같습니다.

인생의 발자취로 남아 내가 어디까지 왔는지 보여 주고 미래의 내가 소중한 한 걸음을 내디딜 수 있게 힘을 줍니다.

미래의 내가 뒤돌아봤을 때 나의 삶의 궤적을 볼 수 있도록 지금을 글로 남기자.

글쓰기에는 저주를 푸는 힘이 있다

저는 '영원한 17세'를 표방하며 활동하고 있습니다.

중학생 때 어른들을 보면서 사람은 나이를 먹으면 도전하기 힘들어한다는 사실을 느꼈기 때문입니다. 마음을 젊게 유지하면 두려워하지 않고 앞으로 나아갈 수 있을 것 같다는 생각에 언젠가부터 영원한 17세라고 말하고 다닙니다. 영원한 17세로 글을 쓰다 보니 사람들 눈에는 이상하게 보였나 봅니다. 대학생 때는 놀림도 꽤 받았습니다.

그런데 글을 쓰기 시작한 이후로는 공감해 주는 사람이 확실히 늘었습니다. "어떤 기분인지 알아!" "나도 용기가 생겼어!"라는 반응을 얻기도 하고 예전에 놀리던 사람한테 "지금은 정말 존경한다"라는 말을 듣기도 합니다. 소수파에 이질적인 사람도 꾸준히 자기 걸 하다 보면 어느새 주변과 자연스럽게 어우러지게 됩니다.

글쓰기는 언어에 대한 인식과 해석도 변화시킵니다. 예를 들면 '지방대' 'ADHD' '낯가림' 등은 일반적으로 부정적인 이미지를 풍깁니다.

'지방대를 나오면 실력이 부족할 것이다.'
'ADHD가 있는 사람과는 커뮤니케이션이 잘 되지 않는다.'
'낯가림은 고쳐야 한다.'

각각의 단어를 따라다니는 부정적인 이미지는 그 단어와 연관된 사람의 마음을 해치며 '나는 대화가 어려워' '나는 못난 인간이야' 같은 콤플렉스를 만들어 냅니다. 저런 단어를 누군가에게 듣는 것만으로도 마음이 아프겠죠. '저주'와 다를 바 없습니다. 이 저주를 푸는 방법이 바로 글쓰기입니다.

'나는 지방대를 나왔지만 좋은 기업에서 일하고 있어.'
'나는 낯가림이 있지만 사람과 깊이 사귈 수 있어.'

이렇게 나에 대해 솔직하게 글로 표현한다면 잘못된 이미지가 거둬지고 진정한 나의 모습이 드러날 것입니다. 이것이 나에게 건 저주를 푸는 '마법'입니다.
나아가 그 글을 공개하면 세상 사람들에게 걸려 있는 '선입

견'이라는 이름의 저주도 풀립니다. '대학의 이름은 중요하지 않아' 'ADHD를 다르게 볼 수도 있잖아' '낯가림이 무슨 문제지?' 등등. 이것은 어떻게 봐도 마법입니다.

누구나 SNS를 통해 자신의 의견을 말할 수 있는 시대입니다. 덕분에 최근에는 이런 마법사가 굉장히 많아져 이런저런 것들이 평평해진 것 같습니다.

그러니까 자신의 콤플렉스나 단점, 나에게 걸린 저주를 혼자 마음속에 담아 두지 말고 세상에 공개합시다. 저주는 혼자서 끌어안고 있는 한 영원히 풀리지 않고 자신을 괴롭힐 뿐입니다. 하지만 일단 말로 표현하면 그 말이 마법이 되어 저주를 풀어 줍니다. 그 마법으로 구원을 받는 사람도 많을 테고요. 저도 그렇게 믿고 오늘도 계속 마법을 걸려고 합니다.

point 콤플렉스나 단점이라고 생각하는 부분도 글로 써서 공개하면 나 자신을 긍정적으로 보게 된다.

글쓰기는 때로
새로운 세계를 열어 준다

글을 쓰면 상상하지 못한 새로운 일이 생기기도 합니다. 원래 저는 기자도 뭐도 아닌, 블로그에 일기를 쓰는 평범한 회사원이었습니다.

블로그 인기가 많은 것도, 구독자가 많은 것도 아니었습니다. 일반적으로 세상 사람들이 생각하는 블로거나 인플루언서와는 거리가 먼 존재였습니다.

그런데 그 블로그를 활용해 만든 포트폴리오를 가지고 면접을 보러 갔을 때 경력이 전혀 없는데도 '기자'로 채용되었습니다. 저는 기자가 되기 위해 공부를 한 적이 없습니다. 글을 써서 돈을 번 경험도 없습니다. 그저 '이런 글을 쓸 수 있습니다' 정도를 보여 주는 글을 꾸준히 썼을 뿐인데 그것이 저에게 새로운 길을 열어 주었습니다.

그 이후 취미로 하던 글쓰기가 제 일이 되었습니다. 기자가 된 후 취재나 원고 집필로 무척 바빴지만 일기를 꾸준히 썼습니다. 제 일기는 600자 정도의 정말 짧은 글입니다. 처음에는 아무도 읽지 않던, 상품 가치가 전혀 없는 그런 일기였습니다. 그런데 그런 글을 사람들이 조금씩 읽어 주었습니다. 공감해 주는 사람도 많이 늘었습니다. 이렇게 책을 내게 된 것도, 일거리를 열심히 찾지 않아도 꾸준히 일이 들어오는 것도 글쓰기를 그만두지 않았기 때문입니다.

10년 전의 나에게 지금 내가 하는 일을 말해 주어도 믿지 않을 겁니다, 분명. 글쓰기가 상상도 하지 못한 멋진 미래로 저를 이끌어 주었으니까요.

이제 저는 이런 사람이 되었습니다.

- 정말 들어가고 싶은 회사의 블로그에 러브레터를 쓴 것을 계기로 그 회사에 채용된 사람
- 좋아하는 서비스에 대해서 글을 쓰고 그 서비스를 운영하는 회사로 이직한 사람
- 자신이 쓴 글이 편집자의 눈에 띄어 책을 내게 된 사람

꼭 기자나 칼럼니스트 등 글쓰기를 생업으로 하는 사람이 아니더라도 자기가 쓴 글을 통해 새로운 기회를 맞는 경우는 생각보다 흔합니다.

지금은 새로운 일을 시작할 기회가 다양한 방법으로 주어지는 시대입니다. 새로운 일을 시작하는 것이 두렵거나 방법을 몰라 어려움을 겪는 사람이라면 글쓰기를 통해 일 그리고 인생을 개척해 보면 좋겠습니다.

 자신의 생각을 꾸준히 글로 쓰다 보면 새로운 일과 인생이 보일 것이다.

글쓰기로 변하는 것,
변해서는 안 되는 것

취재를 끝내고 돌아가는 길.

전철 안, 문 바로 옆에 기대서 스마트폰으로 이 에필로그를 쓰고 있습니다.

저는 글쓰기가 보편적인 기술이라고 생각합니다.

모두가 당연하게 메일을 쓰고 메시지를 주고받고 SNS에도 가볍게 글을 씁니다. 개인차는 있겠지만 글을 어떻게 쓰는지도 알고 있습니다. 그래서 이 책은 글쓰기 노하우에 대해서는 자세하게 설명하지 않습니다.

그 대신 몇 번이나 반복해서 자신의 생각을 소중하게 대하는 방법을 말하고 있습니다.

여러분의 체험은 여러분만의 특별한 것이고 사람의 마음을 움직이는 건 결국 사람의 마음이기 때문입니다.

204

이 책에는 제가 좋아하는 아이돌이나 책 이야기가 여러 번 나옵니다.

여러분은 '그런 개인적인 이야기, 관심 없어'라고 생각할지도 모릅니다. 하지만 개인적인 감정이 담겨 있기 때문에 글에 설득력이 있다고 믿습니다.

"자신의 생각을 소중히 하자!"라고 말로만 떠드는 게 아니라 "봐! 나는 내가 좋아하는 것과 내 감정을 소중히 생각했기 때문에 지금 여기에 있는 거야!"라고 글 전체를 통해 증명하고 싶어 개인적인 이야기를 가득 채워 넣었습니다.

그러니까 여러분도 글쓰기 방법에만 집착하지 말고 자신의 마음을 믿었으면 좋겠습니다.
느낀 것을 말로 표현하고 다른 사람들이 볼 수 있게 공개한다면 인생의 새로운 길이 조금씩 열릴 것입니다.
즉각적으로 효과를 볼 순 없을지라도, 꾸준히 하다 보면 반드시 도움이 됩니다. 꾸준한 글쓰기는 여러분에게 평생의 소중한 자산이 될 것입니다.

코로나19가 확산되면서 예정됐던 취재가 확연하게 줄었습니다. '어떻게 하지?' 고민하던 저는 다시 글을 쓰기 시작했습니다.

'글쓰기를 즐긴다면 누구나 바깥에 나가지 않고도 자신의 세상을 크게 넓힐 수 있다.'

이런 생각으로 노트(note. 문장, 사진, 일러스트, 음악, 영상 등의 작품을 올리는 웹사이트–역주)에 쓴 것이 '글쓰기가 좋아지는 문장 매거진'입니다.

글을 통해 도움 받은 일, 글을 쓸 때 중요하게 생각하는 것, 글을 널리기 알리기 위한 노력 등을 1000자 정도로 정리해서 올렸습니다.

그것이 1년이라는 시간이 지나 책이라는 형태를 갖추게 되었습니다.

1년 전에는 제가 책을 내게 될 거라고는 생각도 하지 못했습니다. 글쓰기를 통해 확실히 저의 세상이 넓어졌습니다.

출간 제의를 받았을 때는 '더 잘 쓰는 사람이 많을 텐데' 하고 머뭇거리는 마음이 들었습니다.

하지만 제가 일반인이기 때문에 사람들이 쉽게 따라 할 만한 방법들은 알려 줄 수 있겠다는 생각이 들어 제안을 받아들였습니다.

본업이 기자이면서 노트에도 글을 쓰고 휴일에도 책을 쓰고…. 글만 쓰는 하루하루가 미칠 것 같으면서도 그런 마음이 있어 책을 낼 수 있었습니다.

어쩌면 어느 정도 글을 쓰는 사람에게는 간단하고 얕게 느껴지는 내용이 있을지 모릅니다. 이미 글을 써서 공개하고 있는 사람에게는 상식적인 내용일 수도 있고요. 그런 분들은 꼭 더 좋은 글쓰기를 향한 다음 단계로 나아갔으면 좋겠습니다.

저는 '이 책, 정말 마음에 들어!'라고 여겨 주는 사람들. 그런 분들을 위해서 이 책을 썼습니다.

많은 책 가운데 선택해 줘서 정말 고맙습니다.

아주 조금이라도 '뭔가를 써 보자'라는 생각이 들었다면 그보다 기쁜 일은 없을 것 같습니다. 무엇보다 끙끙거리며 글을 쓴 저의 노력이 보답을 받을 겁니다.

이 책에 대해 전할 이야기가 있다면 '@milkprincess17'로 트윗을 보내 주세요.

모든 글은 어딘가에서 누군가가 반드시 읽고 있습니다.

저도 조용히 '좋아요'를 누르겠습니다!

글쓰기 습관을 만드는
52가지 기술

이 책에서 소개한 52가지 글쓰기 기술을 정리했습니다. 습관은 몸에 배면 인생을 바꿀 정도로 강력한 힘을 지니지만, 습관을 만들기까지는 쉽지 않은 과정이 뒤따릅니다. 글을 쓸 소재가 없을 때, 글쓰기가 지겨워졌을 때, 나다운 글을 쓸 수 없을 때 이 기술들을 떠올려 주시면 좋겠습니다. 여러분이 다시 글을 쓸 수 있도록 이 기술들이 도와줄 것입니다.

글쓰기와 친해지는 기술

글을 쓰려면 먼저 글쓰기에 익숙해져야 한다.
글에 대한 공포심을 없애는 8가지 기술

① 나의 이야기를 쓴다.

세상에는 자기 이야기를 하는 글이 굉장히 많다. 개인의 인생을 이야기하는 자서전, 꿈에 대해서 말하는 강연 등이 사람의 마음을 움직인다. 부끄러워하지 말고 당당하게 내 이야기를 하자.

② '나는 바보다!'라고 생각한다.

사람은 망각의 동물이다. 심리학자 에빙하우스는 기억의 70퍼센트가 하루 만에 사라진다는 사실을 밝혀냈다. 그러니 배운 내용이나 즐거웠던 일을 그때그때 솔직하게 글로 남기자.

③ **아무도 보지 않는다는 전제로 쓴다.**

다른 사람의 시선은 아무래도 신경이 쓰인다. 처음부터 글을 공개하면 적당히 꾸며 쓰는 버릇이 생긴다. 일단은 아무도 보지 않는 곳에서 진심을 그대로 써 보는 것부터 연습하자.

④ **규칙에 얽매이지 않는다.**

'기승전결' '서론·본론·결론' 등 글에는 규칙이 있다. 하지만 어딘가 제출하거나 누군가에게 평가받아야 하는 글이 아니라면 규칙은 일단 잊어버리자.

⑤ **'우아~'라고 느꼈으면 그 말 그대로 쓴다.**

글을 쓴다고 갑자기 자세를 가다듬을 필요는 없다. 부담감이 '나다움'을 지워 버리니까. 평소에 쓰는 말을 용기 있게 글에서도 사용하자.

⑥ **"끝!"이라고 소리 내어 말한다.**

'멋진 끝맺음'을 추구하며 계속 붙들고 있으면 아무리 시간이 지나도 결과물을 얻지 못한다. 용기를 내 끝을 맺는다. 작가가 "끝"이라고 하면 끝이다.

⑦ **글에 의미를 부여하는 건 읽는 사람의 몫임을 기억한다.**

글의 의미나 가치를 판단하는 건 읽는 사람이다. 의미에 사로잡혀 아예 쓰지 못한다면 너무 안타까운 일. 의미는 생각하지 않는다.

⑧ **손으로 직접 쓰면 달성률이 42퍼센트 올라간다는 사실을 기억한다.**

손을 움직여 글자를 쓰고 눈으로 보면 그 글자가 뇌에 새겨진다. 이루고 싶은 일은 스마트폰뿐만 아니라 종이 노트나 수첩에도 써 보자.

글쓰기를 습관화하는 기술

다른 사람에게 읽히고 싶어서든 내가 즐기고 싶어서든 일단
은 꾸준히 써야 한다. 글쓰기를 습관화하는 12가지 기술

① 습관을 만든다.

글은 쓰면 쓸수록 잘 쓰게 된다. 하지만 매번 힘을 짜내면 꾸준히 쓰기
힘들다. 일단은 글쓰기를 일상 습관으로 만든다.

② '바로 쓸 수 있는 여건'을 만든다.

인간은 힘들고 귀찮은 일은 하고 싶어 하지 않는다. 글쓰기 습관을 만
들려면 쓰기 장벽을 낮춰야 한다. 생각났을 때 바로 쓸 수 있도록 글쓰
기 도구를 가까이 둔다.

③ 감정을 말이나 글로 표현한다.

자신의 생각을 말이나 글로 표현하려면 연습이 필요하다. 감정이 느
껴진 순간 바로 구체적으로 표현해 본다.

④ '5분만 하자!'라고 생각한다.

의욕이 있어서 행동하는 것이 아니다. 행동을 하니까 의욕이 생기는
것이다. 귀찮아서 쓰고 싶지 않은 날에도 '5분만 하자!' 하고 쓰기 시
작하면 마음까지 따라온다.

⑤ 무엇을 하든 하지 않든 상관없는 시간을 활용한다.

글쓰기를 습관화하기 위해서 일부러 시간을 낼 필요는 없다. 아무리
바빠도 머리가 쉬는 시간은 분명히 있다. 그 시간에 글을 쓰자.

⑥ 일단 글을 쓰겠다고 선언한다.

나와의 약속만큼 깨기 쉬운 것도 없다. 그러니 다른 사람한테 약속하자. SNS에서 매일 쓰겠다고 선언해 버리면 계속 쓸 수밖에 없다.

⑦ 습관 만들기에 동참할 사람을 찾는다.

선언을 했어도 꾸준히 쓰기 어려울 때는 다른 사람을 끌어들인다. 다른 사람과 함께라면 나 혼자 그만둘 때 민망한 상황이 되기 때문에 쉽게 포기하지 못한다.

⑧ 틈새 시간을 찾아서 이용한다.

아무리 바쁜 사람이라도 24시간 내내 일정이 있진 않다. 아무것도 만들어 내지 못하는 무용한 시간을 찾아 유용하게 사용한다.

⑨ '실황 중계 트윗'을 한다.

트위터는 글쓰기 습관화에 최적화된 도구이다. 이벤트 등에 참가해서 트위터로 실황 중계를 해 본다. 생각을 말로 표현하거나 요약하는 기술을 배울 수 있다.

⑩ 사람은 남의 의견을 알고 싶어 한다는 걸 기억한다.

작품 감상평을 자기 마음속에만 묻어 두면 너무 아깝다. 다른 사람은 어떻게 생각하는지 궁금해하는 사람이 많다. 나의 솔직한 의견을 글로 써 보자.

⑪ '왜?'라고 따져 본다.

작은 발견이나 사건도 깊게 파고들면 진실에 도달할 수 있다. 그 진실은 분명 다른 사람에게도 적용된다. 일상에 더 깊이 파고들어 배움으로 발전시키는 연습을 해 보자.

⑫ '내일 해야지'는 바보 같은 생각임을 기억한다.

일단 시작을 해야 습관도 생긴다. '글을 써 볼까'라고 생각했다면 그날
부터 시작하자. 시작하면 의외로 어떻게든 된다.

글쓰기를 멈추지 않는 기술

습관을 들였다 해도 쓸 내용이 없다면 글쓰기를 지속하기 어
렵다. 쓰고 싶은 말이 풍부해지는 7가지 기술

---

① 나의 '일상'이 타인에게는 '비일상'일 수 있다는 사실
을 기억한다.

매일 글을 쓰는 사람도 특별한 하루하루를 보내진 않는다. 일상을 콘
텐츠로 만드는 것일뿐. 그러니 일상에서 소재를 찾자.

② 좋아하는 것에 대해서 쓴다.

마음이 담긴 말이나 글은 사람을 움직인다. 좋아하는 마음은 다른 사
람이 흉내 낼 수 없는 소중한 것이니 좋아하는 것에 대해서 써 본다.
애정은 가장 큰 가치를 지닌다.

③ 외부로 눈을 돌려 본다.

글을 쓰려고 무리해 봤자 빈 마음에서는 아무것도 나오지 않는다. 기
분 전환을 하고 외부로 눈을 돌려 새로운 것을 흡수한다. 그러면 자연
스럽게 쓰고 싶은 소재가 생긴다.

④ 마음에 남은 것만 소중히 여긴다.

사람에 따라 책에 부여하는 가치가 다르다. 책을 읽고 나서 평범한 말이나 요약 외의 감상을 적기 어려운 사람은 마음에 깊게 새겨진 부분에만 집중한다.

⑤ 주제는 무엇이어도 상관없음을 기억한다.

주제를 정하고 나를 취재해 보면 생각지도 못한 이야기가 튀어나온다. 주제 자체보다 주제라는 범위가 있다는 게 더 중요하다.

⑥ 아무 일 없는 날도 소재가 될 수 있음을 기억한다.

'아무것도 하지 않았다'라고 쓰면 의외로 내가 무언가를 했다는 사실을 깨닫게 된다. 꼭 일어난 일을 쓸 필요는 없다. 아무것도 하지 않았다면 그날에 대한 생각이나 발견에 대해 쓰면 된다.

⑦ 감정이 움직였다면 그것이 바로 인풋임을 기억한다.

지식이나 정보의 주입만이 인풋은 아니다. 자연을 보고 감탄하거나 친구의 이야기에 감동하는 등 내 마음이 움직였을 때는 무언가 인풋이 일어난 것이다.

글쓰기가 즐거워지는 기술

글쓰기는 나를 위한 것이지만 남이 읽어 줄 때의 기쁨도 크다. 다른 사람에게 글을 제대로 전달하기 위한 6가지 기술

① 쉽게 쓰려고 노력한다.

독자를 염두에 둔 글에는 어려운 말이 어울리지 않는다. 글은 중학교까지 습득한 어휘만으로도 충분히 쓸 수 있다. 추상적이고 편리한 말에 기대지 말고 자신이 확실히 이해한 쉬운 말로 쓴다.

② '알 리가 없다'고 생각하고 쓴다.

지인이 볼 거라 생각하고 썼지만 나를 모르는 사람이 읽을 수도 있다. '내가 원래 이렇잖아'를 전제로 쓰면 아무도 이해하지 못한다. 독자가 친절하다고 느낄 정도로 설명하자.

③ '네가 읽어 줬으면 좋겠어!'라는 바람을 담는다.

아무리 독자층을 세심하게 특정한다 해도 어디까지나 상상일 뿐이다. 아무래도 현실성이 떨어진다. '실재하는 누군가' 또는 '과거의 나'를 향해 쓰면 글에 구체성이 생긴다.

④ 자기 생각대로 마무리한다.

글을 마무리하는 방법에는 몇 가지 법칙이 있다. 하지만 거기에 기대는 순간 나다움이 사라진다. '좋게 좋게' 마무리하려고 애쓰지 말고 마지막까지 자기 자신의 말로 정리한다.

⑤ 자기의 생각이 담긴 글을 쓴다.

인터넷 시대인 지금, 이제 정보 자체는 가치가 없다. 읽는 사람은 쓰는

사람의 실제 마음을 알고 싶어 한다. 솔직하게 쓰면 나만 쓸 수 있는 글이 되어 팬이 생긴다.

⑥ 용기를 갖고 세상에 내 글을 공개한다.

아무리 어설퍼도 잘 전달되기만 하면 그 글이 최고다. 잘 전달되는 글의 필수 요건은 문장력이나 어휘력이 아니라 글을 쓰고 공개하는 용기이다.

글쓰기가 좋아지는 기술

사람들이 내가 쓴 글에 반응하면 더 쓰고 싶어진다.
많은 사람들이 읽는 글을 쓰기 위한 10가지 기술

---

① 제목에 '강렬한 단어'와 '주관'을 넣는다.

단순히 내용을 설명하는 제목에는 사람들이 관심을 보이지 않는다. 나도 모르게 눈길이 멈추는 제목을 짓기 위해 공을 들여야 한다. 강렬한 단어나 자신의 감정을 제목에 새겨 넣자.

② 내가 실제 경험한 내용을 쓴다.

현대인은 인터넷 정보를 바탕으로 무언가의 가치를 판단한다. 인터넷에는 다양한 정보가 존재하지만 실제 경험이 담긴 글이어야 설득력이 생긴다.

③ 읽는 사람이 이입할 수 있게 쓴다.

말 걸듯이 쓰면 읽는 사람은 자기에게 말하는 것 같다고 느낀다. 혼잣말에서도 공감이나 교훈이 느껴지도록 독자에게 말을 걸어 본다.

④ **내 글을 읽는 것이 누군가의 일과가 되게 한다.**

정해진 시간에 업데이트를 하다 보면 정해진 시간에 읽는 사람이 나타난다. 내가 습관적으로 쓰는 것처럼 독자도 습관적으로 읽게 만들자.

⑤ **나만 아는 것을 쓴다.**

유익한지 무익한지는 누가 읽느냐에 따라 다르다. 읽는 사람이 모르는 내용이면 유익하고, 아는 내용이면 무익하다. 혼자 판단하지 말고 과감하게 써 보자.

⑥ **나의 경험이 누군가의 미래를 구할 수 있다고 믿는다.**

그때는 몰랐지만 지금은 아는 것이 분명히 있다. 그 내용을 과거의 나를 위해 쓰면 예전의 나와 같은 상황에 놓인 사람들이 읽게 된다.

⑦ **솔직하게 쓴다.**

사람들은 솔직하게 쓴 글에 환호한다. 부끄러운 실패담일지라도 포장하지 말고 분노와 후회를 솔직하게 털어놓자. 읽는 사람은 꾸미지 않은 진심에 공감한다.

⑧ **남과 비슷하게 쓰지 않아도 괜찮음을 받아들인다.**

다른 사람을 신경 쓰며 쓴 글은 사람들이 싫어하지도 않지만 좋아하지도 않는다. 굳이 남들과 반대로 갈 필요는 없지만, 내 느낌이 설사 다른 사람의 감상과 다르다고 해도 소중하게 생각한다.

⑨ **글로 상처 주지 않겠다고 스스로 다짐한다.**

글은 때로 '칼'이 된다. 글을 쓸 때는 상대를 눈앞에 두고도 할 수 있는 말인지를 먼저 생각해 본다. 의도적으로 상처를 줘서는 안 되지만, 개인적인 의견 표명은 할 수 있다.

⑩ 조용히 읽고 가는 사람도 있음을 기억한다.

'좋아요' 수나 '페이지뷰'가 독자의 수와 정확히 일치하는 건 아니다.
반응이 적지만 읽고 있는 사람이 많을 수도 있다. 숫자에 집착하지 말
고 나를 위해 쓰자.

글 쓰는 마음을 소중히 여기는 기술

어떤 기술을 익힌다 해도 언젠가는 의욕이 사라진다.
그럴 때 나를 격려하기 위한 9가지 기술

---

① 불안의 정체를 직접 알아낸다.

대부분의 고민은 다른 사람에게 말하면 어느 정도 해결된다. 혼자서
해결하고 싶다면 글쓰기가 답이다. 글로 쓰면서 자문자답을 하다 보
면 고민이나 불안이 선명하게 보이기 시작한다.

② 내가 쓴 글을 멀리서 바라보면 나를 알 수 있다는 사실을 기억한다.

내가 쓴 글에서 진짜 내가 보이는 경우가 있다. 나에 대해서 알면 삶이
편해진다. 나를 찾는 여행을 떠나는 것도 좋지만 꾸준히 글을 쓰는 것
도 좋은 방법이다.

③ 글이 의사 표현 도구임을 안다.

말에 자신이 없는 사람도 글로는 자기 모습을 있는 그대로 보여 줄 수
있다. 글은 도피 수단이 아니라 커뮤니케이션 수단이다.

217

④ 글이 지구 어딘가에 있을 친구를 찾아 준다는 사실을 믿는다.

지금은 글이 인터넷의 바다를 떠다니며 어디까지고 흘러가는 시대이다. 어디론가 떠나지 않아도, 주위에 친구가 없어도 글이 전 세계의 친구를 데려다준다.

⑤ 글은 나의 분신으로서 미래에도 혼자 알아서 일한다는 사실을 기억한다.

글은 영원히 지치지 않는 최강의 영업사원이다. 내가 자고 있어도, 지쳐서 움직이지 못해도 글은 삭제하지 않는 한 끝까지 남아 변함없이 사람들에게 읽힌다.

⑥ '아무것도 없던 날'이 '어떤 일이 있던 날'로 재해석된다는 걸 기억한다.

해석에 따라 과거는 바뀔 수 있다. 아무것도 하지 않은 날에도 마음의 변화에 대해서 쓰면 어떤 일이 있었던 날로 남는다. 일상에 의미를 붙여 보자.

⑦ 미래의 내가 살짝 꺼내 볼 수 있는 편지를 지금 써 둔다고 생각한다.

사람들은 인생의 궤적에 대해서 잘 생각하지 않는다. 노력, 고뇌, 배움, 그리고 나 자신에 대해 지금 글로 남기자. 한계에 부딪혔을 때 축적된 글에서 용기를 얻을 것이다.

⑧ 글쓰기에 저주를 푸는 힘이 있음을 안다.

타인의 평가는 진실이 아닌 때에도 때로 '저주'로 작용한다. 콤플렉스나 단점 등 자기 부정적인 면이 있다면 솔직하게 써 보자. 그 글이 저주를 푸는 '마법'이 된다.

⑨ 글쓰기가 새로운 길을 열어 주는 '열쇠'임을 기억한다.

내가 쓴 글이 내 인생을 바꾼다. 글을 꾸준히 쓴 것만으로 기자가 된 사람, 원하는 곳에 취업하거나 이직한 사람, 책을 낸 사람도 있다. 그러니 계속 써 보자.

글쓰기 습관을 만드는 한 달 챌린지

책을 읽는 것만으로는 부족합니다. 읽기를 마쳤으면 글쓰기 습관을 기르는 첫 걸음을 시작해 봅시다. 먼저 일기장, SNS, 블로그에 뭐라도 좋으니 한 달 동안 매일 글을 써 보세요. 쉽지는 않겠지만 주제를 정하면 의외로 또 써집니다. 뒷 장에 재미있는 글을 쓸 수 있는 30가지 주제를 소개했으니 참고하세요.

꾸준히 쓰려면 그날의 주제를 의식하며 생활하자

매일 아침 오늘의 주제를 확인하고 그날 하루는 주제를 신경 쓰며 생 활합니다. 그러면 평소와는 다른 점을 발견해 글의 소재로 사용할 수 있습니다.

챌린지를 선언하고 자신을 격려하자

SNS에 글을 쓰려고 한다면 꼭 '#한달글쓰기챌린지'라고 해시태그를 입력해 보세요. 선언하고 나면 계속 쓰고 싶고 주변 사람들의 응원도 받을 것입니다. 어쩌면 해시태그를 통해 서로 응원해 줄 동료를 만날 지도 모릅니다. 저도 이 해시태그로 챌린지를 달성한 사람을 발견하면 축하해 드리겠습니다!

사람들이 좋아하는 글을 쓰자

이 챌린지의 목적은 글쓰기 습관을 기르는 것이기 때문에 내용은 무엇이어도 상관없습니다. 하지만 우리 중에는 사실 기록만으로는 재미가 없다고 느끼는 사람, 모처럼 열심히 쓴 글이니 많은 사람이 읽어 주길 바라는 사람, 자기 글이 화제가 되길 바라는 사람도 있겠죠. 그런 분은 이 책에서 소개한 다음의 내용을 실천해 보세요.

◦ '왜?' 하고 더 깊이 파고든다.
◦ 제목에 '강렬한 단어'와 '주관'을 넣는다.
◦ '제목'으로 끌어당긴다.
◦ '업데이트 시간'을 정한다.
◦ '과거의 나'에게 쓴다.

오늘의 글쓰기 소재 30

222

글은 나의 삶을
다채롭게 만들어 줘!